不完美關係，與更好的我自己

與傷道別，與真實相遇，再一次勇敢的療癒練習

何妤玟・著

將本書獻給——

希望自己能越活越眞實，越活越美好的你

推薦序

生命中遇到困境，面對了才能走過去

許嬰寧　諮商心理師

這是一本從面臨離婚，到離婚之後的自白。

如果不是讀了這本書，我不會知道妤玟她有多掙扎、多脆弱、多坦承又堅韌。因爲我們看到的都只是表面，和部分的結果，對於離婚，只有經歷過的人，才能把自己挖得這麼深、又不得不把挖過的地方一一包紮起來。

我相信還沒讀這本書的你們，應該也充滿了好奇，這本書裡寫些什麼？爲什麼要以這樣的主題來撰寫，可以分享些什麼？

不過就是離婚嗎？離婚不就是那樣？兩個人因爲解決不了的差異和衝突，決定分開，差別只是有些人可以和平收場、共同育兒，有些人則是越走越遠，形同陌路。

離婚雖然越來越普遍，但至今還是帶著些許負面觀感，這本書要如何能夠帶給讀者一個「更好的她」？

我本來是這樣疑惑著。

隨著離婚比例逐年攀升，似乎表示我們越來越正視關係中的自己，正視不合適的婚姻其實是可以按下休止鍵的，現代人好像比較能夠面對所謂失婚的身分。但其實，這些人在經歷的，絕非只是談判、簽字然後搬出去、重新開始獨立生活而已。在每一個經歷離婚的個案身上，我都看到比這些表面議題深入許多的其他種種無助，甚至是創傷。

離婚不單是離開一段關係、搬出一間熟悉房子、換了身分證而已，而是一段把自己內心挖出來檢視的過程——對著那破了洞的心口塞入各種慰藉和理由，然後在黑夜中，把自己的臉埋進最脆弱的恐懼裡，接著又在天亮前換上一張充滿責任感的笑臉含淚面對孩子；當你走出家門發現全世界都沒變，只有你自己的世界變了，你因爲害怕被指指點點而轉身衝回家……。

這是一段從沒想過要傷害誰，但卻感覺每個人都受傷了的過程。沒有人結婚時會想著有天走上離婚一途，生孩子也絕不是爲了某天輪流撫養，可是，就這樣走到了這裡，一切太突然，一切都壞掉了。

這就是每個面臨離婚的人，心中那股無力的呼喊：「我已經很痛了，到底爲什麼是我？」、「爲什麼會發生在我身上？我到底做錯了什麼？」

從妤玟的文字中，我看見的不只是每個走過離婚的人的共同無助感，同時也是她挺起身後的那股堅韌，她並沒有比任何人更有心理準備，她也沒有比其他人少難過、少自責，她只是眞實地去面對，正面去認識她那時的自卑和不安，努力保命求生存。

"The best way out is always through." —— Robert Frost

「在生命中遇到困境，只有面對了才能走過去。」

最讓我動容的是，她拋下了受害者的角色，決定重新定義自己的感受和能量，因爲只有當你決定不再看低或同情自己，你才能跨出去。「我怎麼這麼慘？」是一開始的，但不會是一輩子的。

雖然有些婚姻中的確有受害者的角色，但就單以離婚這件事情上，妤玟視其爲一個已經發生的事實，我們不能因爲任何事實而拋棄自己，也不能因此貶低我們的價值，我們可以坦承自己無限的悲傷和孤獨，可以努力和這一切變動求和。

妤玟說出了每個人心中的弱點，我們都想要被喜歡、被肯定，因此離婚就像是在我們臉上賞了火辣辣的一巴掌。你們的關係結束像是宣告全世界：你不被喜歡了！事實上，這時候，我們更需要提醒自己，你從來都不該因爲你的婚姻狀態，而被標示是否受人喜歡。現在開始，你要重新定義你對自己的喜歡，你就不會覺得那巴掌疼了。

正因爲有不完美的關係，才讓她找到了更好的自己。

推薦序

保有自己，相信自己可以快樂

林靜如　律師娘講悄悄話

每當看到身邊有在婚姻裡遇到困難、委屈及觸礁的女人時，都好希望自己也能做些什麼讓她們可以找回笑容！

很多女人在婚姻中，爲了愛而失去自我，等到孩子長大了以後才感慨著自己好多事都沒去做，回頭一看，一大把的青春歲月全都奉獻給了家庭，留給自己的卻少之又少。

在婚姻裡，每個角色都有許多個性不同的地方，也因此我們需要互補、互相、互助，沒有誰的地位高或低，只有我們都需要彼此。一旦雙方在溝通失去平衡時，裂痕也就開始延伸，凡事當兩人願意面對才有方法可以解決。

看到妤玟離婚的消息是從媒體上得知的，在我眼中的她是個很甜美的女孩，過去也看她爲了經營婚姻、家庭都非常盡心，也很精心營造幸福的儀式感，在這次的新書當中，她以曾經是妻子的身分、母親、女人的親身經歷與讀者分享，也鼓舞了更多正身處關係低谷的女性，幫助她們如何在不完美的關係中，遇見更好的自己。

分開並不代表結束，而是一段新旅程的開始！即便到了中年後才必須學習更加了解自己，但這永遠不嫌晚，因爲此時此刻是最成熟也最美麗的時刻。我曾經在一次訪談中看到妤玟說過一段話：「女人的韌性眞的很強，在關係結束前我們會比較痛苦，會捨不得放，但決定往前走時就會放下。」事實也眞的是這樣，在我身邊有太多母親都是如此，關係結束後一開始眞的很難放下，可是一旦下定決心，有了目標後就會堅持到底，或許是求生意志的關係，促使她們更有動力跨越出去，相信自己可以過得更好。

孩子怎麼辦？最擔心的是父母離婚後，孩子的成長是否會受到影響？親子關係該如何維持，甚至更好？相信這也是很多人離婚後，另一個必須學習面對的人生課題。當媽媽的，只要面對孩子就很難好好找回自己；對孩子我們眞的顧慮比較多，很多媽媽甚至還會自我控訴「選擇離婚會不會是害了孩子」？

但妤玟做得很棒！她認爲爲了孩子，即便彼此無法走到最後，也必須保持友好的關係；然後，各自尋找自己的幸福和生活！這確實是需要很成熟的思路，以及知道自己到底要的是什麼，才能做出的明智之舉。

很替妤玟感到開心的是，不到兩年的時間，她已經比過去的自己活得更好，不停止學習。無論是提升自己的能力也好、想法也好，YouTube 頻道也經營的很有特色，再次贏得過去支持她的粉絲，甚至是更多的掌聲與支持，她很清楚了解自己需要的是什麼，更懂得經營和愛自己，活得更快樂！

幸福需要經營，更需要儀式感。

這在任何關係裡都是，無論是單身、男女朋友還是進入婚姻，女人都要保有自己，讓自己活得更快樂，這樣的妳會變得更有魅力，幸福感也會感染周遭的人們。

祝福妤玟在未來的人生路上，不但遇見更美好的自己，也透過自己的無限，幫助更多女性找回自信迷人的笑容；將這本書推薦給正值關係低谷的你，希望能鼓舞到你，為你加油。

各界眞心．勇敢推薦——

何妤玟應該可以說是全台灣最誠實的女明星了，在社會都期待女人們婚後要當好太太、好媽媽、好媳婦的同時，妤玟選擇坦然面對自己，不將就婚姻帶來的失望，不放棄追求愛情的期望，在結束一段關係後勇敢展現自己脆弱的一面，和過去和解，學會放下，用淚水換來的文字，充滿力量與感動。

眞心推薦這本《不完美關係，與更好的我自己》給所有在各種關係中找尋自我價值與能量的人，相信你們和我一樣，可以在書裡面找到自我療癒的方法，接受生命的各種不完美，同時更愛自己，也相信自己會更好。

最後，引用書裡面的這一句：「這世界上，每一個人都值得被愛。」Love you.

——李佩甄　台灣好媳婦

雖說人生苦短，但這一條路又很漫長，所以人們總是在找尋能夠指點迷津，能夠帶路的人生「老司機」。

老司機知道番號，知道人情世故，最重要的是，他能帶你少走點冤枉路。

什麼？你說你想找個「女性」的「老司機」？

那麼，應該就是何妤玟沒錯了。

——高山峰　知名藝人

身爲女人，我常常覺得華人傳統文化非常鄉愿！對於婚姻，婆家會期許嫁進來的那個「她」凡事多忍耐，多吃苦，多爲家庭付出，什麼都做，就是……不要做自己！

卻常常忘了「她」也是別人家的女兒，別人家的心肝寶貝，也有自己的理想，自己想過的生活。

而當初愛上「她」的他，是神隊友？還是豬隊友？全憑一顆良心。

妤玟是個敏感又充滿才氣的女人，愛上她被她吸引是理所當然的事，對於這樣的女人，怎麼可能用傳統世俗的想法去框架她呢？

感謝她用她的文字爲現代女性提供了多元多彩的豐富想法，人生只有一次！你也可以活出你想要的日子！

——郁方　知名藝人

在人生的旅途上，我們常會遭遇許多逆境的挑戰，而這些挑戰就是讓我們成長和突破的關鍵。

作者在書中透過風趣又親切的口吻，分享了自己如何療癒並超越那些過往的傷口。而在她能夠更好的愛著自己、照顧自己後，這份愛也成爲了她所能送給孩子的最大的禮物。

——亞瑟　AWE情感工作室共創辦人

單身的時候想婚、婚後又想做自己、生孩子後卻只能做孩子的媽，女人在各個階段都迷失於追求一段完美的關係，但這一次透過妤玟聰明、幽默的口吻，與親身走過的刻骨銘心，讓我們更勇敢面對自己的想要，不完美才更完美！

——林可彤　知名藝人

∞ 作者序

希望我的真實，帶給你們更多勇氣

何妤玟

從呱呱墜地的嬰兒開始，每一個人這一生總在不停的學習。

從二十四小時都在父母懷裡抱著的小寶寶，慢慢經過了牙牙學語、學爬學站的階段；接著脫離了父母的懷抱，從家庭進入如同小型社會的學校。在學校裡，我們學習各類知識，學習國英數學、學習歷史地理，甚至跟著世界的進步學電腦學寫程式學理財……，很多事情需要學習，但學校始終沒有一門課教導我們如何面對分離，面對所有人都會經歷的生離與死別。

學校也沒有一門課教我們認識自己、理解自己。表面上，我們是活在兩性平權的自由社會；但骨子裡，我們依舊是被數千年封建思想深深影響的傳統男女。或許有許多女性跟我一樣，終其一生都在女性的身分中不斷找尋自己，在做自己跟當好太太之間不停的翻攪掙扎，在職業婦女與好媽媽之間不斷取捨與尋求平衡。

這些課題，有誰能給我們解答？

婚姻結束的前後，我經歷了一場撕心裂肺的巨大痛苦。最終，我發現在人生的挫折與悲傷面前，生命用了它自己的方式為我出了一道課題——面對自己。唯有真實的與自己的感受相處，真實不逃避的貼近生命，那些答案才會在淚水與勇氣中一一浮現。

而真正的痛過這一次，你，就重生了。

從前的我，或許太過於執著地想要成為一個完美的媽媽、完美的太太，以至於在對那些「完美」的追求中，離真實的自己越來越遙遠。現在，我不再強迫自己要成為完美一百分的女人，因為別人口中的完美，都比不過一個完整真實的自己。

我相信，當我成爲一個完整又眞實的自己時，我才能夠全然接納生命帶給我的一切。唯有這樣，我也才能在面對更多未知時，擁有一份由內而生的勇氣與韌性。過去，在療癒的路上，我的孩子始終是我的良藥，她們用無私又豐盛的愛爲我帶來了希望與勇氣；如今，重生後的我，這個更眞實完整的我，也是我希望送給孩子一份最大的人生禮物。

關於未來，我們永遠都有選擇。

當你徬徨時，我希望可以透過文字陪伴你，甚至成爲你的朋友，你的力量，讓你知道不要害怕受傷，不要畏懼錯誤，只要你願意，我們都能活出精彩的人生，成爲那個神采飛揚、自信美麗的生命。

在這本書裡，我希望能讓你們看到，一個女人可以追尋自己的夢想，又兼顧照顧好自己與孩子的責任。感謝一直在我身旁支持我的家人朋友與粉絲，以及最照顧我的經紀公司，還有陪伴我一起在演藝圈長大的「同事」們。當然，我更感謝那些出現在我生命中，愛過我與我深愛過的另一半。

讓我們一起成爲原來的自己，那個不完美，但完整的自己。

你要相信，
這世界上每一個人都值得被愛。

目錄
Content

CHAPTER 1

婚姻這條路，踏上了也不一定會走完

CHAPTER

2

在哪裡跌倒，就在哪裡停下休息

CHAPTER

3

療癒沒有時間表，不用催促自己快快好起來

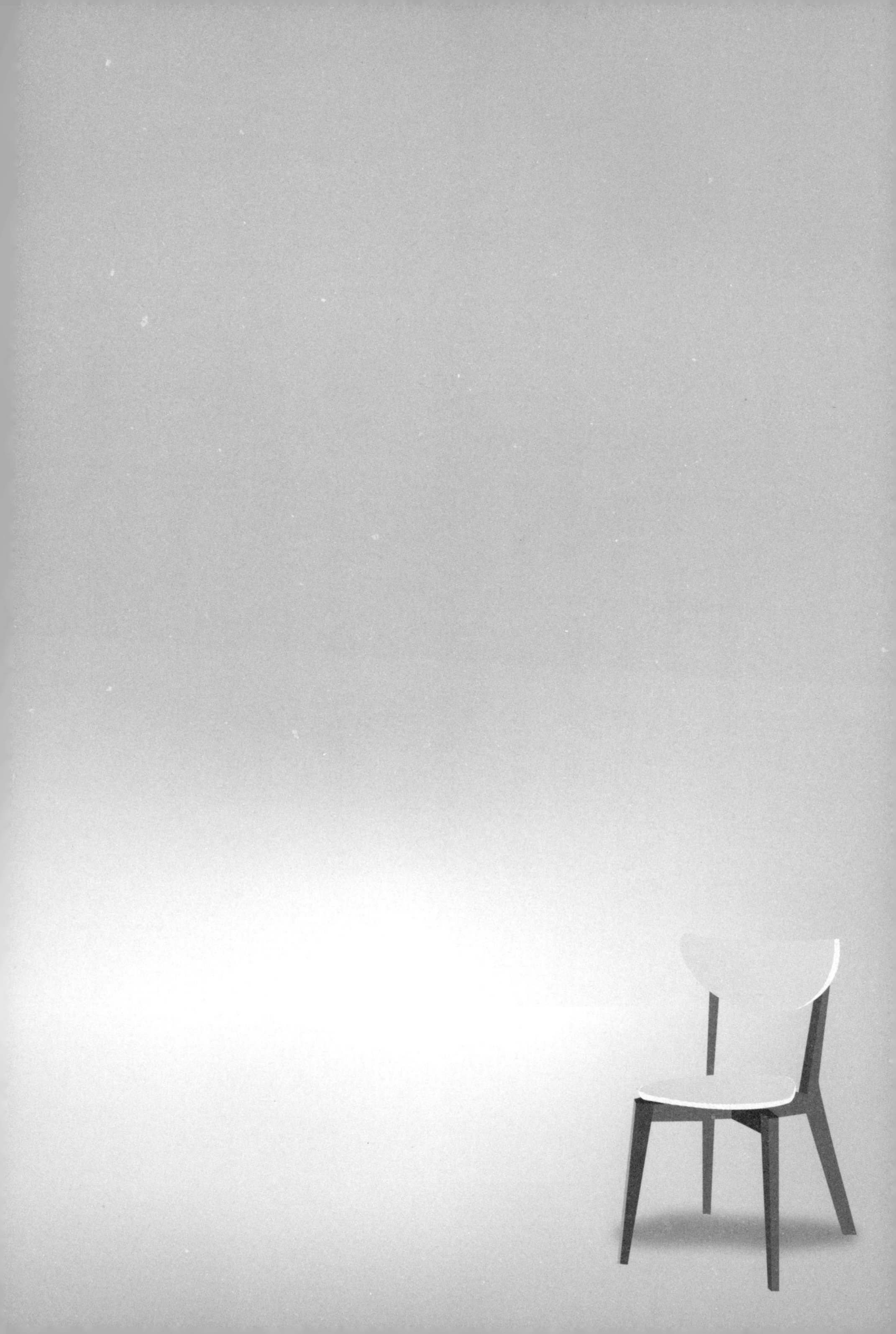

CHAPTER

1

婚姻這條路，
踏上了也不一定會走完

01／觸礁又怎樣？人生的船還沒有沉，就可以繼續航行

這本書從無到有，經歷了一段時間才完成。書寫的過程中，日子從春季走到了夏季，如今又步入了秋天。

婚姻結束後的這兩年間，我有時會問自己：「如果把人生比喻成一趟大海中的航行，觸礁就一定代表會沉船嗎？」、「如果在一段關係中，雙方都痛苦到無法繼續一同走下去了，我們還要固守在這段關係裡嗎？」

在經歷戀愛結婚、生子和離婚之後，我在看待自己和所有關係時，都有了全新的眼光和想法。

婚姻觸礁又怎樣？人生中，誰沒跌倒過個幾次？但是跌倒後，你會知道你有兩個選擇：一個是在哪裡跌倒，就在哪裡躺下，大不了躺夠了，拍拍屁股再站起來繼續走。另一個是跌倒後就換條路走，此路不通，但總有別條路可以找到出口。

透過這本書，我希望能將這段過程中的想法與感受整理出來，與每一個在關係中卡住的你分享。

現在的我認爲，人生或是婚姻中的觸礁不算什麼，大不了放下錨停下船，看看破洞在哪裡，把洞修一修之後還是能再度揚帆出發。離婚，不過就是要我停下來，看看生命想對我說些什麼罷了。

只要我還能站在船上的一天，我就會讓它繼續向前航行。

婚姻很重要，但它沒有比較特別

很多女生從小到大可能都幻想過一個場景：自己可以穿上美麗的新娘白紗，畫上最美好細緻的妝容，被家人牽著走上紅毯，一步步走向我們想共度一輩子的那個男人。

人們究竟為什麼會認為婚姻神聖？

因為我們認定它是兩個人要相守一輩子的承諾，就像誓詞裡寫的一樣：「無論是順境或逆境、富裕或貧窮、健康或疾病、快樂或憂愁，我將永遠愛著對方、珍惜對方，忠實直到永遠。」但是長大之後，我們才發現那個童話故事中的美好場景：王子與公主從此過著幸福快樂的生活，並不是百分之百存在，眞實婚姻中要面對的柴米油鹽醬醋茶，與童話故事相去甚遠。

每一對步入禮堂的新人，在說出「我願意」的當下，一定都是希望自己能夠信守承諾的。就像當初信心滿滿地登上那一艘婚姻的輪船一樣，出發前，每一個人都認爲自己做好了遠航的準備，但在大海上的每一天，氣候都是如此千變萬化。有時一連好幾天風平浪靜，可以吹著輕柔的海風，看著海鷗從夕陽前振翅飛過；有時卻必須面對突如其來的狂風驟雨，整艘船在海面上擺盪不止，活像坐雲霄飛車上下動盪起伏，令人無法忍受。

就跟隨時都會變化的海上氣候一樣，我們根本無法掌控這世界上唯一不變的眞理：那就是世上所有的人事物，時時刻刻都在改變，包括我們自己的感覺。無論是過去說出「我願意」的那一份眞心，或是航行前的壯志，我們都曾經想好好的履行承諾，卻可能因爲內外在環境的變遷而產生變化。

因此，婚姻帶給我最大的感觸就是：「**人生中的每一個承諾都很重要，而在這些承諾中，婚約並沒有比較特別。**」

我的意思是，婚姻契約就跟人生中的任何一個契約一樣重要，沒有人會沒事找事做，刻意去違背與他人的承諾。

但是，只要是簽訂契約就會有但書。

就像工作一樣，假設你和公司簽訂了一份工作合約，但是當你生重病的時候還是得跟公司請假，如果碰到職場性騷擾或霸凌事件，也是會想馬上辭職閃人的，對吧！

所以，在這本書裡我想分享的第一件事情就是：**婚姻絕對不是兒戲，但也不必為了「維持婚姻」，而讓自己處在一段痛苦不適當的關係中，持續耗損自己和對方的身心靈。**

人生苦短，我們還要用多少時間囚禁自己？

在商業上做錯決定時，我們尚且懂得設立停損點，但對於需要長遠朝夕相處的另一半呢？如果你現在正因為一段不健康的關係而痛苦不堪，請給自己幾口深呼吸，放自己一馬吧！

有時候，轉念反而才能海闊天空。

直視心裡最脆弱的地方，直到勇敢起來爲止

離婚後，我花了滿長一段時間整理自己。

步入婚姻之前，因爲長期修練瑜伽，我開始向內探索，認識自己，也開始學習心理學的知識，所以離婚對我來說的確是人生很大的挫折，但它同時也是一份來自上天給的珍貴禮物，讓我有機會審視自己過往的每一段關係，以及原生家庭帶給我的影響。

結了婚，有了女兒後，我才更確信原生家庭對一個人的影響是很深遠的。

童年時受過的傷，有可能在成長的過程中一直無法痊癒，卻被我們忽略，直到我們自己成爲了父母，在和孩子互動的過程中，又重新看到過去那個受傷的自己。

在我童年的記憶裡，印象很深刻的是，我的父親和母親總是是在吵架。婚姻結束的前一年，他們從不斷的爭吵、冷戰，再到成為完全不說話的兩個陌生人，我和妹妹就在這樣冰冷的家庭環境中長大。

我的父母常常因爲各種理由不在家。我和妹妹每天放學一回到家，家裡總是空蕩蕩的，一個人都沒有，我只能拿著媽媽放在抽屜裡的零用錢，帶著妹妹去吃晚餐，和她一起寫功課，接著洗澡睡覺。

童年時的我，其實不太知道「正常」的家庭是什麼樣子，好多次當我半夜從睡夢中醒來的時候，家裡常常都是一片漆黑。我有時會試探性地朝那一片黑暗呼喊「爸爸」、「媽媽」，希望有人能溫柔應答，但回應我的往往卻只有一陣寂靜，我這才知道家裡只有我跟妹妹兩個人，爸爸媽媽並不在。

當學校有重大活動或是要繳學費時，找不到大人要錢要簽名更是家常便飯，只要一遇到這種狀況，我心裡就會有一種被遺棄的孤單感油然而升。

我還很清楚的記得，有一次我發燒燒到三十九、四十度，燒了一兩天也沒人帶我去看醫生，我只能自己一個人躺在床上，讓生病的不舒服和沒人照顧的恐懼不斷襲來，但我知道自己必須要堅強，因爲家裡還有一個年紀更小的妹妹需要照顧。在年幼的妹妹面前，我認爲我必須成爲一個負責任的姐姐，但童年的我卻忘了，當時的自己也只是一個十來歲的孩子而已。

爸媽離婚後，我和妹妹跟著媽媽一起生活。

在媽媽眼裡，我們都不夠完美，她總是希望我們能再努力一點，再做得更好一點，所以她對我們的標準不只很高，還很嚴厲。

舉例來說，高中時，每天都要兼顧上學與工作的我，偶爾好不容易在忙碌的行程中有一天空檔能在家休息當個宅女，好好耍廢一整天，這時我的母親卻會希望我能把行程排滿，不管是去圖書館念書或是操場運動都好，就是要做一點「有用」的事情，不要賴在家裡偷懶當個懶惰蟲。

她就是這樣一個不斷要求我外在表現的媽媽，卻也是一個常在我生活中缺席的媽媽。她一方面要求我的成績，卻又不常回應我的需求，即使我一直有著不錯的課業表現，她也不會輕易誇獎我。現在回想起來，或許當初的母親為了生活，只能忙著賺錢餵飽兩個孩子，而無暇顧及我們內心的需求吧。

長大之後我才發現，原來我的父母好像不是那麼「盡責」的父母，他們只顧到生活基本所需，除此之外，成長中應該要為孩子建構的內外在安全環境、為孩子提供的關愛與注意，似乎都很少。但那就是一個過程，或許任何世代的人都一樣，我們都是在成為了父母之後，才開始學習如何當父母的，而有一些人始終學不會。

不用王子，我可以做自己的女王

很多人對於另一半的期待，很大程度是來自父母的樣貌。

童年時的我很早熟，對於感情和生命的感受很細膩，能接收到很豐富的情緒。但我認識的母親卻是一個很大而化之的人，她過去最常給我的形容詞就是「爲賦新辭強說愁」，所以跟我的細膩敏感相比，她可能完全不能體會我內在接收到的豐沛情感。

然而對照之下，我的父親就比較柔軟，他是一個非常懂得享受生活的人，想做什麼就做什麼，完全活在當下，和他相處起來就像朋友一樣輕鬆自在。所以後來尋找另一半時，跟父親擁有一樣特質的男性特別能吸引我。但是，好的特質如此，不好的當然也是。

由於童年中父母親常常不見人影，這份缺失持續影響並與我生命中的感情關係產生連結，當我面臨低潮和困難時，只要有一個能滿足我缺失的對象出現，我就會將這一個特質無限放大，放大到其他不合適的缺點都看不到。

當我生病時，追求者只要能立刻出現，陪我看醫生、照顧我，安撫到我童年的恐懼，我就會輕易地認爲他可能就是生命中的 Mr.Right，這點應該很多人也曾經跟我一樣吧？

有一次我失戀了，在家喝醉了大哭，那時凌晨兩點，就那麼剛好有一個男生在線上敲我（當時最流行的 MSN），也這麼剛好，他當下沒事立刻跑來找我，你知道嗎？那晚他在我心裡馬上一秒升等成王子，因爲他在我最需要的時候出現了！但約會幾次後，我才發現其實對方還眞的只是當天誤打誤撞剛好有空，他根本沒有要拯救我，也無法拯救我。

然而，就跟多數女生一樣，年輕時的我還是希望有一個屬於我的王子出現，能用寶劍斬斷我所有的恐懼與煩惱，緊緊擁抱我，永遠不放開。

在兩性關係中，童年缺失就像一個黑洞，隨時提醒反射出每一個人內心深埋的恐懼，但到了中年，理智面總是會拉我一把，告訴自己要回到現實。我雖然很期待有一個人能與我相知相惜，共同分享愛的感受，但我也知道，我有能力疼惜自己，與其一直向外昂首盼望王子的出現，我更可以向內告訴自己：「**不管未來王子會不會出現，我都有能力守護自己，做自己的女王。**」

我曾在薩提爾的書上看過一句話：「一個人和他的原生家庭，都有著千絲萬縷的聯繫，而這種聯繫，甚至會影響一個人的一生命運。」但我體會更深的是：「**父母間的關係，就是我們人生中男女關係的第一面鏡子。**」所以不要害怕，不要逃避面對，如果能有意識的看待這件事情，或許能降低許多選錯伴侶的機會，以及在每一段關係中會帶來的傷害。

在家庭關係、男女關係或與身邊任何一個人的關係中，過度責備已經發生的錯誤，並不會讓現在變得更好。

童年時，父母間迴避彼此的冷漠、親子間的疏離，還有隨時都會被丟下的恐懼，好像從那時起就埋進我的心裡，在我成爲大人的過程中，逐漸發芽，成爲一段關係中我最不能忍受的地方。

這份創傷很難透過成年後的和解眞正消弭，除非我能乘坐小叮噹的時光機回到過去，用我現在成年人的智慧跟當時的母親說：「媽媽，我需要你多關心我。」而她也能回應我的需求做出改變，除非這樣，否則心中的傷痕永遠都在，它頂多只是隨著時間淡化，卻不會眞正的消失。

但我知道，即使在我不快樂的童年裡，我也擁有過全家人相聚的幸福時刻，我相信我也感受過父母的愛，就算悲傷多於快樂，但那些片段依舊存在。

02

當女人有了家庭後：「在好媳婦、好妻子、好媽媽之外，我是誰？」

這兩年國內外疫情肆虐，演藝圈也不平靜，好幾對名人藝人夫妻檔離婚的新聞，讓許多網友在社群媒體上紛紛崩潰：「連某某某都離婚了，我不再相信愛情了！」、「公主和王子的愛情眞的存在嗎？」

不只一次有讀者私訊我：「好玟，你離婚後，還會相信這世界上有公主和王子的愛情嗎？」

「公主和王子的愛情？」

嗯……

我的回答是，相信。

但是在投入愛情前，我們必須要先認清一件事：公主王子和你我一樣也是平凡人，會有自己的個性、嗜好、小怪癖或地雷和需求。這些好與不好的面向，不會因爲戴上皇冠穿上華服，就被仙女的魔法棒一點，消失無蹤。

所以，那些公主或王子都是我們因爲對於愛情的期待，自己幫對方掛上了濾鏡。但說穿了，我們都是平凡人。

而對我這個平凡人來說，最幸福的事情就是認識自己是誰，努力的忠於自己、實踐自己。

社會的「價値」，不該成爲人生的準則

從懷孕第一胎開始直到大女兒出生後，能全心全意期待一個新生命並且生下她，看著她在我們的呵護下長大，對我來說是人生中非常非常珍貴且難得的一段時光。

那一兩年，我很專心在家帶小孩，也常讓我回想到自己的成長經驗。由於不想讓孩子重蹈覆轍我的童年，所以我一直希望能擁有一個和樂又健全的家庭，婚後也很努力做到社會對完美母親的期待：以孩子、先生爲主。

直到有一天，當我全然投入在家庭裡的時候，卻發現縱使家庭帶來的快樂再多，我依舊無法忽視內心對於「自我實現」的渴望。

從十六歲進入演藝圈開始半工半讀，工作從未離開過我的生活，演藝工作是我的興趣，也是我賴以維生的經濟來源，所以當我全心全意爲了成爲某人

的太太、某人的媽媽而放下工作走入家庭時，在孩子的笑容和先生的愛背後，我還是隱隱約約感覺到內心的失落。

這一股變化讓我感到迷惘。

經過那一段時間的觀察，我發現，當我把對職場的熱情全部轉而投注在活生生的嬰兒和另一半身上時，他們似乎也會承受過多來自於我的壓力。

舉例來說，爲了善盡一個媽媽的責任，大女兒出生後的那一兩年，我規定自己每天都要幫小孩做副食品才行，心裡總有一個聲音跟我自己說：「這樣才是好媽媽。」雖然我是喜歡烹飪沒錯，但對一個高齡產婦加新手媽媽來說，要每天下廚壓力眞的很大！所以一旦有機會出去跟社會上其他「眞實」的人類交流時，只要有一個媽媽跟我說她沒有每天做副食品，我就會覺得「天啊，原來不是只有我沒做到」而鬆了一口氣。

又比如，在家帶孩子的時間多了，少了來自工作上的成就、觀眾的肯定，我變得很需要另一半的讚美和關注。雖然我也常對自己信心喊話，肯定自己的付出、照顧自己的情緒，但這跟工作上帶來的成就感，以及人際社交的往來，與同事之間互動的滿足感還是不太一樣……當這些事物全數被尿布、奶瓶、做不完的家事掩蓋的時候……

有一天我突然反問自己：「如果婚前我對一個好妻子、好媽媽的想像是如此，那爲什麼當我像其他網路上、媒體上或身邊的太太媽媽們一樣，安於在家庭中相夫教子，洗手做羹湯的時候，我卻感到有些失落呢？」

是我比較奇怪嗎？

是我比較不適合當媽媽嗎？

還是其他的媽媽也會如此，只是你沒說我沒說，大家都沒說呢？（社會叫我們不要談論這塊呢？）

拋開性別標準，問我想問的、做我想做的

婚姻裡的夫妻關係，有時很像國與國之間的政治角力。

雙方是否了解彼此之間的文化（個性）差異與需求，將決定關係裡的平衡與和平。

二〇二一年剛向媒體公開宣布，與先生比爾．蓋茲結束長達三十年婚姻關係的梅琳達，曾經在一篇報導裡提到，她認爲自己全心全力對家庭的付出，並不亞於她先生對公司的付出。她也曾在二〇一九年自己的著作《提升的時刻》（*The Moment of Lift*）中坦承，與丈夫同台時，她有時會覺得自己被忽視了，「當我站在比爾旁邊說話時，我一直努力尋找自己的聲音」，她在書裡這樣描述，「這讓我很難被別人聽到。」

長期以來，社會上對於性別，尤其是婚姻中的男女雙方總有一套隱形標

準。

我們好像無法擺脫對爸爸養家、媽媽顧小孩的潛在期待，而忽略了每個人生來是多麼的與眾不同：有些人內向、有些人外向，有些人喜歡但不擅長料理家務，有些人則是對事業充滿企圖心……。

如果能將性別褪去，每個人不再受到傳統社會的影響，會不會在外打拚事業的可以是媽媽，在家照顧小孩的是爸爸。爸爸是不是也可以很大方的跟朋友說：「沒錯，我老婆眞的很會賺錢，錢的事情交給她就好了。」

當大部分女性走進所謂的婚姻關係裡，成爲一個妻子的時候，就算她對家庭的付出是全年無休的，就算她是職業婦女，事業跟先生一樣成功，一樣發光發亮，但在外人面前、跟先生站在一起的時候，她卻總是退居後方的那一位，大家也還是會說：「女人（太太）就是應該要幫男人（先生）做面子啦！」（難道女人就不需要男人幫我們做面子嗎？）

這是一股看不見的氛圍，在走進婚姻後，便得爲了這個角色多少壓抑住原本的自己，可能是對職業的熱情、對旅遊的狂熱、對興趣的投入……，都得選擇性的放下。但是當我們感覺自己是在「犧牲自己」，成就家庭的時候，當我們不自覺讓自己去迎合這套隱形標準的時候，這份伴侶關係就會逐漸失衡。

曾經有一個朋友跟我抱怨：「爲什麼我跟另一半的財務各自獨立，各自提撥一樣的金額負擔家裡的支出，但爲什麼，爲什麼家事就是不能一人一半，一起分擔？」

其實不只女性，社會對於男性也有一套隱形標準。

布萊德．彼特在離婚後接受採訪時談到，他認爲自己是一個有「情緒障礙」的爸爸，他不知道該如何主動向孩子表達自己的愛。事實上，我們對於這樣的男性樣貌也都不陌生，身邊或許就有很多同樣的例子，像是我們的父親、兄弟或是丈夫。他們在社會的傳統價值下長大，身邊的每一個人都告訴他們「男人不能哭」、「男人不能輕易表露情感」……社會爲男性塑造的形象讓他們認爲自己必須是堅強的、成功的、陽剛的，甚至不做家事的……。

隱形標準就像一雙不合腳的鞋子，但如果那雙鞋子是一雙人人稱羨的昂貴美鞋時，你會選擇脫下還是穿上？

一開始，我是不敢脫下的。

雖然卡在鞋子裡的腳又腫又痛，我也知道尺寸不對，但當我看到身旁的人都可以繼續忍受穿著不合腳的鞋子時，也讓我忍不住懷疑自己是不是錯了？

直到原本小小的磨破腳皮，到了走路也走不好、腳跟腳趾腫痛難耐時，我才明白一雙不合腳的鞋子，外人是看不出來的。在其他人眼中，我就是幸運的穿上了一雙漂亮的鞋，看起來一切都很完美，還有什麼好抱怨的？

但事實是，腳傷只有自己知道，除非你願意脫下鞋，否則沒人會看見你的痛。

唯有降低對於傳統性別角色的期望，我們才能順應自己天生的性格，讓自己處在舒適自在的狀態。

03 坦承，是療癒的第一步

前陣子，我開始在 YouTube 經營自己的頻道。

經營頻道把我累個半死，想影片企劃、邀約來賓、拍片、盯剪輯後製……，眞正下去做了之後，我才發現就算有團隊協助工作還是超級多，眞的很佩服那些能自己經營頻道，甚至養出一個團隊的頻道主。

陸續做了兩三集節目後，某一天輪到我帶小孩，我因爲身體不舒服所以打電話跟前夫商量，看看能不能當天由他先照顧孩子，隔天再換我。

電話掛上前，我謝謝他的同時也說了句「不好意思。」

結果他笑著回我：「你在頻道裡大講特講我們的事，就不會不好意思喔？」

聽了他的話後，我在電話這頭大笑出來。

婚姻結束快兩年，我們還能這樣互虧逗趣的互動，其實是當初想像不到的。很多朋友和粉絲都說，我們能當一對合作父母一起照顧小孩很厲害，但大多數人不知道的是，美好結局不會說來就來，爲了維持友善，我們彼此都做了很多努力和調整。

婚姻裡的「將就」，與「不將就」

年少時的我對愛情抱持很大的憧憬，也會大方主動追愛，人生最大的願望之一，就是找到一個理想對象陪我相知相惜地走下去。

三十五歲那一年，我跟所有女孩一樣走進了「夢寐以求」的婚姻。婚後很快懷孕當了媽媽，生活也快速地被家庭和小孩的各種事情淹沒，我也一度期待婚姻就是愛情最完美的歸宿。但是有一天，當我在日常生活中稍微喘口氣休息一下的時候卻突然發現，我跟先生之間好像有一點不太一樣了。

結過婚的人可能都有同感，婚姻中的變化是一點一滴慢慢累積的。一開始只是兩個人的生活習慣不太一樣，慢慢地，生活習慣延伸到對家庭、育兒的價值觀，最後是對配偶、對婚姻想像的分歧……。在我察覺到我和先生對於婚姻抱持的期待有落差時，來自童年的擔憂和不安，又再度浮現在我的眼前。

當婚姻出現瓶頸時，同一時間，我的原生家庭也發生了劇烈的變化，從小在我生命中缺席的父親突然離世，同一年，母親又因爲心臟重病開刀住院，那時的我突然變得很脆弱，需要另一半更多情感上的支持與安慰。

我覺得自己好像回到童年中那個缺乏愛、一心只想獲得關注的小女孩身上，在這段關係中很害怕失去先生的愛而不斷渴求；我好像也再度看到那個從小被母親嚴厲要求的自己，凡事不能鬆懈，只能完美。

但是要經營一段讓兩人都滿意的婚姻，哪有這麼簡單？

關係裡的雙方，需要時間和空間來進行語言的交流、肢體的交流、情感的交流，才能找出讓彼此更加親近的共同點，面對彼此不同的地方也能夠更加寬容、尊重，最終找到那一個能讓兩人求同存異的平衡點。

而大部分的婚姻卻剛剛好相反。

有一次和姐妹們聚餐，大家紛紛抱怨自己的先生家事不做、小孩不顧、只顧著工作應酬打電動，突然一個姐妹大嘆一口氣說：「什麼都不重要，我老公只要有拿錢回來就好。」

語畢，大家笑成一團，卻笑得有點心酸。

這讓我想到有一天我去咖啡廳用餐，入座後突然聽到隔壁桌的女孩們在聊各自的男朋友。

第一個女生說：「我男友每天都會接我上下班。」

第二個女生接著說：「我男友假日都要我陪他出去玩，不陪他還會生氣。」

第三個女生輸人不輸陣：「我男朋友更誇張，他連我跟其他男生合照都會吃醋。」

我在隔壁桌聽了忍不住笑了起來，對比我們這些明明找到愛情歸宿的已婚婦女，爲什麼講到婚姻，大家對於另一半的標準卻都降低了，甚至是不敢奢望了呢？

有了孩子後的穩定婚姻，如果只是要爲了「維持婚姻」而拋棄自己的對愛情、對另一半、對婚姻的需求與期待，這不是將就，什麼才是？

「留白」的藝術，讓我更知道自己需要什麼

每一種關係一定都有需要溝通、妥協和不斷磨合的地方。每一對夫妻也都有兩人之間才知道的共同目標和衡量，外人大可不必對其他人的婚姻指手畫腳。

我是一個會把另一半放在所有事情第一位的人，但這個位置本來就會因爲

不同時期而做出調整。

談戀愛時，兩個人愛得死去活來，一天沒見到對方都不行，這時候父母朋友統統都可以拋棄，唯獨另一半不行。結婚後有了法律約束，關係更加穩定，有些人在配偶心中的位置可能就會被排到小孩，甚至是事業之後。所以我們可以觀察對方把自己擺在第幾位，符不符合自己的期待，當發現位置失衡時，不讓自己將就的方法就是妥善溝通。

但也常常有人說：「有啊，我都有跟我先生溝通啊，他就是左耳進右耳出，有溝沒有通，還不是一樣沒用。」

在這裡，我不會教大家溝通的方法，因爲我自己也是一邊學習一邊前進，但人其實是一種很有趣的物種，人的基因裡好像存在一種發現問題就要盡速解決的設定一樣，有時候反而就是因爲太迫切的想要解決問題，甚至是爭個輸贏，而讓關係中的衝突一再發生。

所以在跟對方溝通之前，先停一下，坦承的跟自己面對面非常重要。

現在的我，也常常需要這樣的時間。

工作一天，孩子睡了之後，我會在夜晚保留一段時間給自己。

通常是坐在自己的床上，或是某個能讓我身心放鬆的地方（如浴室）。重點是，我會把所有干擾我的電子用品統統關掉（暫時遠離手機上每分每秒湧入的資訊，這些永不停止的訊息只會讓我們離真實的自己越來越遠），花時間聆聽自己的聲音，跟自己獨處、放空。

這段時間裡，我會回想生活中的各種事情，今天工作上發生了什麼事、跟家人孩子發生了什麼事，跟經紀人發生什麼事、上節目發生了什麼事，或是回顧自己的成長經歷、童年時的自己、第一次戀愛的自己、自己是什麼樣子的一個人……。

在這個跟自己獨處的時光裡，什麼都可以想，漫無目的的亂想也好，有目的的針對一件事情整理也好，你會發現在這些一次又一次的思考、整理、丟棄與歸納的過程中，我們會越來越確立眼前的「自己」是什麼樣子，需求是什麼、工作和生活的目的是什麼、喜歡什麼討厭什麼，還有爲什麼？

讓自己處在留白的時間中，是我從瑜伽學習而來的做法。因爲留了時間給自己獨處，也才有了後續其他的療癒過程。

心理學家阿德勒曾說過：「人生中的所有煩惱，都是人際關係的煩惱。」

而我認爲，我跟我自己的相處，也是一種人際關係。

只有當我能接受自己經歷的一切、坦承的面對自己，不批評自己，與內在和平共處時，我才能更清晰的看見外面的世界。如果我的內在很紛亂，沒有自己的一套準則，那麼我投向世界的眼光也會是雜亂不堪的。

我們必須學著在解決問題之前，先聆聽自己再聆聽對方，先同理自己再同理對方。

遇到問題時，不要急著「解決它」。

也不要急著要求對方跟你在一樣的狀態裡，有一樣的共識或一樣的頻率，因爲人的感受都是浮動的，每個人都是獨立的個體，都是隨時變化的。先回頭讓自己的內在安定下來，因爲當我們沒有辦法處理好自己的內在時，無論是遇到什麼問題或什麼人，未來也只會不斷反覆發生一樣的衝突而已。

我和先生爲了維繫這段關係，彼此都做了不同的嘗試和努力。

我很努力去爭取我想要的，我也很努力在這一段關係中找到能讓我平衡的支點，但如果我找不到也爭取過了，那麼坦承的面對之後，我就會選擇好好放手。

工作一天之後，想要緩解情緒，一掃陰霾，可以怎麼做？——

PRACTICE EVERYDAY

❶ 身體面向一面牆壁，呈站立姿，雙腳微微張開。

❷ 將雙手向上舉，往天空拉長，深吸一口氣，身體微微向後仰。

❸ 用嘴巴吐氣，接著雙手回到身前。雙手打開與肩同寬，推向牆面。

❹ 將頭頸背拉長延伸，延伸到手部，手推向牆壁，五根手指頭每一根都要打開來。

❺ 把你的情緒透過手指推向牆壁。這時改鼻子吸氣，鼻子吐氣，動作約維持 10 秒。

❻ 可以的話，再將雙腳往外打開一點，保持你的手臂、頸部、背部延伸成一條線。

❼ 吸一口氣，吐氣時身體輕輕轉向右邊，右手向天空延伸，左手輕輕擺在右邊大腿外側，頭從你的腋下往天空看，維持深呼吸，感覺到肋骨轉開來朝向天空。

❽ 換邊做 ❼。身體慢慢回來，手慢慢往上將身體回正。

❾ 心情鬱悶時，可以透過這個將胸部轉向天空的動作打開心胸。

04
擺脫「以愛之名」的過度期待：當我能接受真實的自己，才能真正的接受他人

有一本書叫做《愛的五種語言》（*The Five Love Languages*）。

書裡描述了五種伴侶之間表達愛和感受愛的方式。

那五種方式分別是：肯定的言語、服務的行動、真心的禮物、精心的時刻，以及身體的接觸。

據說在這五種方式中，每個人都可以找到自己平常習慣表達的方式是哪一種？以及希望另一半用哪一種方式跟你表達愛。同樣的，也可以看看對方想

要的是什麼，以及他最常給予什麼？

因爲我是一個很喜歡說話的人，所以在生活或是關係中遇到壓力與問題的時候，我是很喜歡另一半可以跟我溝通的，這就是我的最低標準。我需要言語的陪伴與肯定，如果能滿足我在這方面的需求，就等於找到了我的平衡點。

但有時候，關係中的兩人不對頻時，或許就是你想要的和對方想給的不一樣。

衝突就會在這個時候發生。

不要期待改變別人，人最終能改變的，只有自己

每一對要結婚的情侶，一定都聽過一句話：結婚，就是兩個家庭的結合。然後就會有很多人跳出來大喊：「我是跟這個人結婚，不是跟他的家庭。」、「愛情就只是我們兩個人的事情。」

能懷抱這樣單純的期待眞的很好，但我覺得幫這句話加幾個字，可能會更接近婚姻的眞相：「結婚，就是兩個**不同家庭背景的人結合**。」

這樣修改後，其實就更符合我們在所有關係中與他人相處時的衝突和矛盾，對吧？

每個人都是單一的個體，但我們的生活習慣和價值觀都深受原生家庭的影響。所以，就算今天你的另一半跟你說：「寶貝，跟你結婚的人是我，不是我的家庭。」毅然決然爲了你擺脫他的家庭時，你也不用高興得太早，因爲原生家庭都會在每一個人身上留下印記。不管我們跟誰在一起，要跟你相處的絕對不是只有「眼前的這個人」，而是一個具有他「天生氣質」的人，再加上「原生家庭」的影響，才會讓他成爲現在的樣子。

早期我主持綜藝節目的時候都要出外景，只要一出外景，從早到晚都會跟一大群人相處在一起。那個時候，我發現群體中的每個人都好不一樣，有些人就是很敢表達自己的意見，在團體中很優游自得；有些人就是獨處更自在，一把他放到團體裡就很扭捏。

等到我自己有了小孩後，這個體會更加深刻。

像我兩個女兒，老大和老二明明都是從我的肚子裡出來的，明明接受的教育方式也都一樣，但個性就是天差地遠。每次她們一做錯事時，一個一定就是先聽我講話，另一個就是我講一句她頂一句。

有一次吃飯，兩個女兒坐在我面前，我跟她們說：「你們吃飯的時候，坐姿要坐好。」

大女兒聽了後，默默調整了坐姿。

結果小女兒卻說：「可是媽媽，你自己坐得也沒有很好耶！」

到底？爲什麼她們的反應可以這麼南轅北轍？

於是我在女兒身上和婚姻中學到了一件事：「誰都有自己的個性，誰都不會爲了誰輕易改變。」

我們常常會在很多關係裡對他人有所執著，覺得對方一定要爲了自己改變、他不那樣做就是不愛我、不尊重我……，諸如此類的問題。但養育孩子的過程，讓我的心變得更加柔軟，我不能強迫她們接受我的觀點，她們讓我能更敞開的接受「每個人都是獨立的個體」，因爲每個人都是那麼的與眾不同獨一無二。

就像我最愛的一篇文字——〈寧靜禱文〉中寫得一樣：**「請賜我寧靜，去接受我無法改變的事；請賜我勇氣，去改變我能改變的事；請賜我智慧，以分辨二者的不同。」**帶著這樣的想法回到生活中跟其他人相處時，我的視野好像更打開了，變得更能接受其他人和我自己的不同。

我們最終是無法改變其他人的，所以只能改變自己。

而當我能接受眞實的自己時，也才能眞正的接受他人。

別人看起來的不幸，
反而是我最大的禮物

但是要改變自己，其實是非常不容易的。

在感情的路上跌跌撞撞那麼多年後，現在的我對感情的看法變得比較中性，這也是婚姻結束後帶給我的禮物。

爲什麼說是禮物呢？

這一兩年，我用在這段婚姻裡遇到的問題，去反省前幾段關係。如果沒有這樣的結束，或許我永遠不會知道所有事情的發生都是一份禮物；在他人眼中看起來的不幸，反而可能是自己人生中最大的幸運。

舉例來說，我開始學會放過自己。

很多妻子一定都跟我有過一樣的感受，因爲老公的生活習慣而感到抓狂，該做的事情跟他講了幾百遍還是做不到。

但是換個角度想，他爸媽和他的家庭給了他幾十年的生活習慣，我們怎麼會覺得自己可以輕易改變他呢？如果硬是要改變他，你就會氣死，所以爲什麼要跟他的原生家庭抗衡呢？

同樣的，我們也很難被他人改變，不是嗎？

人與人之間不會只有黑與白，中間還有很多柔軟的灰色地帶，若我們可以從各自的極端往前跨一步，多在這個灰色地帶交會融合，找到彼此的相似之處，那麼所有的關係將會變得更美好。

用夫妻關係打個比方好了，如果我們跟另一半的意見出現了分歧，有了很多爭吵，但如果你還想跟對方繼續在一起，那麼你不應該回到自己的純白，也不要跟隨他的極黑，你必須在黑與白之間的灰色地帶，找到彼此的共識與平衡，讓這個地帶充滿更多的友善、愛與和平。

而婚姻教會我的事，就是讓我能接受其他人與我有所不同，所以學會用比較低的標準去看待兩性關係。

這裡的「低」並不是把對方看低，或是不經營關係。而是適當、適度、適時地放寬自己的標準。

以兩性關係為例，當你發現，你跟另一半常常是因為「如果你愛我，你就應該……」這類問題吵架，認為對方為什麼都不聽你的，或是達不到你想要的標準，而感到糾結的話，我有幾個小心得可以和你分享：

有些事不是他「應該」做的，而是他為了你去做的

常常有女生朋友跟我抱怨：「我就是想要假日跟男友一起去逛街啊，他爲什麼連逛街都不願意，他如果愛我就會願意陪我去。」

我們先姑且不談「以愛之名，行威脅之實」的部分。但請記得，如果有一件事情對方完全不喜歡，但是他卻願意爲了你努力嘗試，願意爲了你從原先的零分、二十分或四十分，進步到六十分時，這已經很棒了，是非常值得鼓勵的事情！尤其那是他不喜歡的事情，所以如果他有一點點進步，就算只有進步一分，你都要覺得好棒棒！

因爲那是他爲了你去做的，而不是他應該要做的。

 # 爲了滿足自己需求的要求，那不是愛

兩個人在一起的初衷是愛，如果你的內在是愛，就不會爲了滿足你的需求，而不容餘地的要求對方。

比方情人節大餐，女生覺得去吃情人節大餐是愛的表現，但男生覺得幫另一半修電腦是愛的表現。這是因爲兩個人對愛的解讀不一樣，但並非表示他不愛你。

#不因爲賭氣去做任何事情

拿女生最介意的「報備」來舉例。

有些人就是很不喜歡報備，但有些人就是一定要看到對方報備才肯罷休。

當女生發現男生老是不報備的時候，有些女生會爲了賭氣，索性自己也不報備了。明明自己是喜歡也習慣報備的人，卻因爲和對方賭氣而不報備，搞得自己心裡既煎熬又痛苦，但對方根本一點感覺都沒有，最後傷心生氣的還是自己，這不是傻是什麼？

所以，千萬不要爲了想氣對方，而勉強自己去做任何事情，這樣到頭來受傷的只會是自己。

#當關係中出現差異時，兩個人必須一起調整

當兩個人在同一件事情上出現分歧時，不能只有一方爲了另一方調整，而是要雙方一起調整。

如果對方願意爲你從一百分的標準退到六十分時，你願不願意爲了他從四十分前進一步到六十分呢？這是出自於對對方的同理：因爲兩個人不一樣，所以我願意同理你，我們一起做出調整。如此，關係中才不會永遠只有一方感覺自己在付出，永遠只有一方覺得自己在「犧牲小我，完成大我」，進而產生越來越嚴重的委屈心理，最終導致失衡。

當關係中的衝突發生時，我們不妨問問自己能不能接納兩個人的不同，了解對方或許是用他的方式在愛你呢？

這是我在婚姻關係中，得到很大的體悟和學習。

因爲我能接受自己眞正的樣子，那個樣子裡也許會有我的天眞、固執，成熟與不成熟；所以我也能接受對方有他的樣子，那個樣子裡也許也會有他的天眞、固執，成熟或不成熟。

了解每個人都有不同，我們也才能在不同中彼此同理；即便分開了，也能各自往更好的方向成長。

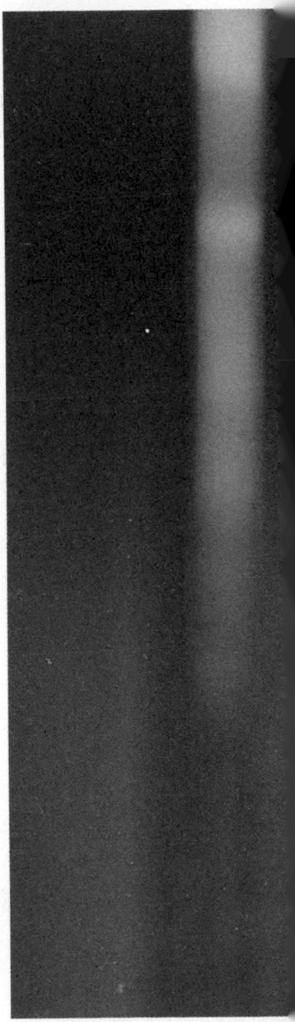

CHAPTER

2

在哪裡跌倒，

就在哪裡停下休息

05／先做完整的自己，才會有快樂的孩子

在和外界宣布終止婚姻關係的消息後，我曾經在一次媒體訪談中聊到，在那段辦理離婚的時間裡，我的女兒其實是有感覺到媽媽不開心的。

如果你問我，要怎麼跟孩子解釋爸媽分開的事實，我當時是選擇用女兒聽得懂的方式慢慢解釋給她聽。

像是有一次，我用了她在幼兒園交朋友的例子問她，我問：「你在小班時，是不是有個喜歡的男生？」

女兒點點頭。

我說：「那你在小班喜歡的人，到了大班你還喜歡他嗎？」

女兒說：「不喜歡了，我大班喜歡的是另一個人。」

我說：「對啊，你看你喜歡的人會變，小班喜歡這一個男生，大班可能喜歡的是另一個男生。」

我再跟女兒舉例：「你跟妹妹的相處也是一樣，只要你們吵架搶玩具的時候，你就說你不愛她了，但是當她願意跟你分享餅乾的時候，你又說你愛她了，大人也是，我們的感覺都是會改變的。」

生命的律動就像海浪，起和落都是再正常不過的

很多大人會認爲，不該讓孩子知道父母的「負面狀態」，所以會在孩子面前粉飾太平。可能前一秒還跟老公在家吵架，哭得唏哩嘩啦，下一秒要去接小孩回家，就裝的笑臉迎人，一切都沒事的樣子。

但大人忘記了，孩子跟我們不一樣，他們的世界很純粹，感受力很豐富，接收外界的能力也比大人強很多，很多時候孩子根本不用父母開口說，他就已經知道你的情緒了。

記得小時候我爸媽離婚時，有很長一段時間，當媽媽下班回家開門的那一刻，我只要一看到她的臉，就能知道她當天的心情好不好，她根本不用開口告訴我。傳統社會裡，我們會因爲認爲自己是父母，所以不需要向孩子說明

我們承受的生活壓力或情緒感受，但其實孩子都感覺得到。

所以在我們家，我會選擇讓孩子知道我的喜怒哀樂，方式就是將心比心。比如我有情緒的時候，如果女兒問我怎麼了，我會平靜的跟她說：「對，我現在是在生氣／難過／沮喪，因爲……（發生什麼事情），所以心情不好，但不是你造成的，跟你沒關係。寶貝，謝謝你聽媽媽說話，我愛你。」

我也會藉機反問她：「你是不是也有過在學校被老師罵，心情很不好，不想和同學玩的時候呢？媽媽現在就是這樣的感覺。」在這樣的分享中，我的女兒能慢慢知道喜怒哀樂都是人會有的正常情緒。她也會慢慢學習到，面對生命的律動時不用逃避。

生命的律動就像大海裡的海浪，有高有低，有強有弱。如果我能在她們面前很自在的展現這些情緒，她們就能看到這個律動。**這種眞實的表達，能讓**

孩子知道生命的起和落都是很正常的，她們也就不會覺得眼淚或憤怒是負面的東西了。

在我們小時候，大家對於好爸爸好媽媽都有一種傳統的想法，就算受了委屈也不能說，只能在小孩面前表現堅強的一面。但這會不會讓孩子誤以爲，哭泣或表達自己的傷心脆弱是不對的行爲，進而去否定這個部分的自己呢？因爲他們在爸媽身上看到的，就是這樣壓抑的樣子。

我想表達的是，在接觸瑜伽和心理學之後，我非常同意每個人都必須對於自我內在有一個「覺察」和「坦承」的過程。

情緒本身沒有好壞之分，所謂的正面、負面都是人類自己給予情緒的分類，但情緒本身是中性的。當一個小嬰兒呱呱墜地時是生命的誕生，這是人世間最美好的事情，但他們出生的第一件事卻是哭泣，可見哭泣或憤怒並不總是負面的，它也是生命力的一種展現。

所以低潮時，我不要你假裝很快樂，你也不用爲了要快樂起來而強顏歡笑，這個對自己的覺察和坦承，就是成爲完整自己的第一步（但還是要提醒，如果你長期都處於低落負面的狀態，必須尋求專業的醫生或心理師幫助，而不是一直將情緒加諸在他人和自己身上）。

可能就因爲我和女兒們彼此能夠坦誠又互相信任的相處，所以她們也總能在我面前「很自在」的做自己。

但不得不說，有時候她們也太自在了。離婚後，兩個女兒仍然很常在我面前說她們在這個世界上最愛的人就是爸爸。這種話聽在媽媽耳裡多少都有點忌妒，但與其和前夫爭風吃醋，我不如用心理師專業的解讀，讓自己釋懷：「當一個孩子可以輕易的在你面前表達他喜歡或不喜歡的人事物時，或許，你才是那個他最喜歡的人。」

是的，做一個讓孩子信任放心的媽媽，讓孩子能輕鬆自在地在我面前展露自我、流露情感，任何大大小小，開心或不開心的事情，孩子都能與我傾訴，關於這點，我很自豪。

快樂的爸媽，受益的是整個家庭

在眾多的粉絲訊息裡，我很常收到一個問題：「在孩子跟自己之間，要如何做出取捨呢？」

通常，這個問題的發問者有九十八％都是媽媽。

大家搭飛機時，有沒有注意過飛機上的安全宣導影片？

影片中有一個觀念讓我印象非常深刻，而且不管哪家航空公司都一樣。那就是，如果搭飛機有意外發生時，請「大人先配戴好自己的氧氣面罩，再協助身旁的孩子配戴」。

第一次看到影片中宣傳這個觀念時我很疑惑，不是應該老人和小孩優先嗎？這好像跟生活中禮讓弱者優先的概念很不一樣。

但更進一步了解後才知道，原來當飛機一旦發生失壓意外，不管是誰都有可能在一瞬間缺氧、失去意識，所以大人一定要先照顧好自己才能去幫助小孩，否則兩個人都會有很大的機率陷入生命危險。

我想，可以用這個例子來回答問題：「在孩子跟自己之間，要如何做出取捨？」

#為何媽媽一定要犧牲？我跟孩子是共好的概念

很多人成爲父母親後，都會被傳統社會長期以來的價值觀影響：認爲要將個人的慾望拿掉，或是婚後要以家庭和孩子爲優先。

我有一個好朋友曾經私下跟我說，她在婚前最大的樂趣就是吃美食。在她還沒結婚時，每個月她都會上網找一家自己喜歡的餐廳，不約姊妹或男朋友，就是找一天，自己一個人靜靜地去享用一頓佳餚。

這個獨自品嚐美食的過程就像一場充電之旅，讓她能一掃工作或生活上的陰霾，重新充滿力氣。

「但是結婚後，去哪都被要求要帶著孩子，老公婚前也知道我有這個嗜好，但婚後，他甚至問我爲什麼一定要自己去吃這一頓飯，帶著孩子一起不行嗎？」好友有點委屈的說。

許多已婚有孩子的媽媽們，就算有人能協助照料小孩，但依舊會被詢問：「如果你有這個時間自己去吃美食，爲什麼不能在家好好陪小孩？」或是「有那個錢去吃飯，爲什麼不拿去買小孩的東西？」

「當我被這樣要求的時候，其實我也會想我是不是一個不夠好的媽媽，才會有自己的慾望？」朋友很沮喪的說：「有時候，生活中這些日積月累的束縛會讓我感到不能呼吸……，我雖然很愛我的孩子，但我也很想對身邊的人說，我不只是媽媽，我也是我自己……。」

所以，在孩子跟自己之間該如何取捨？

關於這個問題我的想法是，當爸媽能先把自己顧好時，才能有更好的狀態去照顧孩子吧？兩者之間，應該是共好的概念。

#爸媽的快樂與幸福感，是會影響孩子的

當爸媽心情穩定又愉快的時候，整個家庭才會受益。

但是，社會常常對我們有一種不合理的期待，希望父母必須認眞、用心，好好陪伴孩子，最好還能情緒穩定、工作努力，無時無刻都成爲孩子的好榜樣，但卻沒有給予爸媽足夠的空間休息、充電或進步。

孩子是擅長感受和模仿的生物，大人面對和處理生活的方式都會深刻影響孩子未來的樣貌，這也就是我們常掛在嘴邊的「身教」。

如果我們希望孩子能養成固定運動的好習慣，那麼爸媽就必須自己先養成固定運動的好習慣。如果我們希望孩子在生活中多閱讀課外讀物，那麼大人是不是應該先放下自己手中的手機，拿起書本呢？

相同的，如果希望孩子充滿快樂與幸福感，那我們就該讓自己成爲快樂又幸福的爸媽。

很多媽媽，包括我自己，我們常常會把不合理的慾望跟合理的需求搞混。

當孩子有人照料、餐費足以負擔時，我認爲一個月去一次自己喜歡的餐廳享受一頓美食是合理的需求。

兩者之間如何分別？我們可以問問自己：

「這件事情是不是你一直以來的興趣或嗜好？」

「這件事情帶來的喜樂可以持續多久？」

「做這件事情前後，你的心情是否穩定？」

如果吃一頓美食、看一場電影、上一堂瑜伽課，或是和姊妹的一頓下午茶……一件簡單的事情，可以爲你的內心帶來一段長時間的滿足感，而不是衝動刷卡時的短暫刺激。從事這個興趣時，你感受到的是一份平靜又喜樂的豐盈滿足，而不是大起大落的跌宕，那麼就可以繼續保有或從事這項興趣。

自我照顧不是自私，在我們照顧他人的需求時，也請記得自己需要被照顧的部分。

當這個合理的需求能夠滋養我的身心，幫助我充電，讓我補足自己的快樂與幸福感，我們回到家裡時，又能將這份幸福與快樂傳遞給孩子，那麼，何樂而不爲呢？

被家務事追著跑又腰酸背痛時，想要舒緩筋骨，可以怎麼做？——

PRACTICE EVERYDAY

❶ 找一塊空地，在地上鋪墊子或毛巾。

❷ 坐下後，右腿向外打直，左腿往身體內部彎曲。

❸ 身體側向打直的右腿，同時上半身也往右側彎，左手臂跟著往右側伸展，右手臂輕碰地面，停留幾個深呼吸。

❹ 換邊重複一次動作。

❺ 身體打直端坐，兩隻腳掌相對，膝蓋向外打開。

❻ 雙手握住腳掌，將腳跟靠近身體，膝蓋盡量靠近地面，挺直背肌，身體往前下傾，此動作可以改善髖部，促進骨盆循環。

❼ 接著做嬰兒式。

❽ 從跪姿開始，雙膝分開跟骨盆同寬，雙手向前伸直，上半身往前趴，臉也自然朝下、前額貼地，記得保持深吸深吐。

06

結束一段關係，需要的不只是勇氣，而是……………

最近在社群網站上收到一個陌生朋友的私訊提問，這位朋友正在經歷離婚的過程，從他的訊息中，我可以看出他對於要結束一段「婚姻關係」感到非常痛苦。

他問我：「婚姻不是很重要的事情嗎？不是當初兩人都決定要跟對方走一輩子才要結婚嗎？那就不應該走向離婚一途，我真的覺得對對方很失望，也很不能理解……」

看著他的訊息，我心裡感觸萬千。

我很常收到粉絲朋友傳來的訊息，無論是正在面臨離婚、已經離婚，或是正在一段關係中茫然的，各種狀況都有。看著他們的一字一句，有時也會把我拉回到離婚前後的那段回憶中。

在那段時間裡，我的心裡常常有很多情緒混雜在一起。

大部分時候感到悲傷又無助，也會不甘心付出這麼多年的婚姻就這樣結束；害怕離婚後社會大眾投向我的眼光、擔心演藝工作會不會受到影響、小孩會不會受到傷害，還有身為「失婚婦女」的莫名羞愧感，好像被貼上離婚這個負面標籤的自我懷疑……。

同時，我感覺到我的內心也總是在分秒間劇烈起伏，有時候這一秒會覺得「不行，有什麼問題說開不就好了嗎？只要我繼續努力就可以了，我不能就這樣放棄！」但可能下一秒不甘心又伴隨著疲憊的身心而來，「對方都不想努力了，我這麼努力到底是為了誰？」

那時候的我，數度因爲覺得沒辦法掌握自己的婚姻和人生，而感到非常挫敗。

適時的展現脆弱，更能換得空間與時間療癒自己

離婚兩年後回過頭來看，好像一切都可以說得很雲淡風輕，但當時我確實經歷了一段非常崩潰的過程。

在一段關係走到尾聲的時候，我也曾經會歇斯底里地用各種激烈手段希望對方不要離開。但有時候，在關係裡比較會吵的那一方，不見得就是眞心想分開的那個人，他可能就是沒有別的辦法了，所以在無計可施的情況下，只能採取一些最原始的方式，用哭的用求的用罵的，去博取對方的注意；但心

裡又很害怕對方真的離開，所以只能不斷地用反面話語去試探對方的心意，嘴巴上講的是：「分手啊，你走啊！」但心裡想的卻是：「我不想分手，你不要走。」

那時的我，就是處在這樣一個狀態下。

外在表現上，我一方面想要趕快解決婚姻中的問題，而不斷地要求對方；另一方面，又不斷質疑他的種種表現是不是代表不愛我、不在乎我了？

而面對自己的內心時，就像前文說的，太多情緒一直在我心裡來來回回，我根本沒辦法好好思考當下的狀況是什麼？我要的是什麼？該怎麼做對我最有幫助？

直到我為了修養身心，去了一趟國外短期的瑜伽進修。

在瑜伽課中，我遇到了一位同學，他是一位經營飯店事業有成的管理者，因為他的一番話才讓我開始從情緒的漩渦中停止打轉，穩下心來檢視現況、重新整理自己的身、心、靈。

當他知道我正面臨離婚時，他是這樣跟我說的。

「你的工作是什麼？」

「演藝人員。」

「不要改變你的工作，繼續做你擅長的事情。」我記得在那一次談話中，他看著我的眼睛專注地說。

「當你的生命出現巨大變動，不管是離婚或是家庭有了重大變化，而你可能又有經濟上的壓力時，不要改變你現在最擅長、最上手，花最少心力就能繼續賺錢的事情。」

他這番話完全切中了當時我內心的恐懼。

我其實非常害怕失去我的工作，因為婚後當我重新復出的時候，都是以媽媽和太太的身分在經營自己，在節目上談一些婚姻感情、兩性或親子的話題，所以如果我離婚了，會不會失去我的工作？對此，我感到非常懼怕。

「其次，你要在離婚以前開始做準備。」他繼續說。

「準備什麼？」我問。

「經營社群的走向，」他說，「你要慢慢減少過去談論的主題，擴大其他的層面。」

「最後，要適當放軟你的身段。把你的真實狀況告訴跟你一同工作，**彼此有互利關係且可信**的人，讓他們能夠支持你。」

很多人在面對生活巨變時，可能會更想要百分之百投入工作或根本無心於工作，但這位朋友告訴我：「要適時地表現柔弱的一面，當你能真實地展現你的脆弱時，更能爭取別人對你的同理。你也才能贏得更多的空間跟時間來療癒自己。」

當時我想，他說的十分有道理！如果今天你失戀了，前一晚喝酒喝個爛醉，第二天上班遲到，好像也要先跟同事知會過，他才能掩護你啊！前提是，你不能因爲私人生活失意就對工作置之不理；同時，這些人也必須是你足夠信任的同事朋友才行，如果想都沒想，就到處跟別人透露自己的弱點，任何敵人都可能想見縫插針，趁機擊垮你吧？

不過因爲他的建議，我在離婚前事先知會了瑜伽教室的員工們，還有我的經紀人。告訴他們，我之後可能會面臨這樣的狀況，需要他們的協助。很慶幸地，他們不僅能夠理解，也非常保護我，給了我很多的幫忙和支持。

以上這幾點建議，對當時遭逢婚變的我非常有幫助。

我的瑜伽同學可以說是我的貴人，他在我最慌亂的時候發出了善意的提醒，讓我能從混亂的狀態裡，先將焦點放在穩定生活的物質層面，降低了我很大一部分對於未來的擔憂，並且獲得實際的後援。

之後，我才逐步地從生活開始，一步一步檢視我的狀態。最終接受了離婚這個決定，重新調整自己再出發。

結束一段關係，需要的不單是勇氣，更多的是「準備」

所謂的「準備」是什麼呢？

我認爲是身、心、靈都必須做好準備。

除了那位貴人提醒我，必須在身（生活）的部分準備好之外，我的心理諮商師也在心理層面給了我很大的幫助。

我想把她當時跟我說的話，轉送給正在看這本書的你。

她說：「當你出車禍摔斷腿的時候，你會需要休養、坐輪椅、拄拐杖，然後才會慢慢恢復，這個過程可能需要半年到一年的時間。

身體受傷的時候，你會知道要聽從醫生的叮囑，療養復健；但是心裡受傷的時候呢？你不能因爲眼睛看不見，就覺得沒問題。」

「**心裡受傷的時候，也需要有時間讓它復原。**」我的心理師告訴我，人生有時候必須要學會放自己一馬。該做的事情還是要做，但原本必須做到的一百分，九十分，暫且放自己一馬吧，現在做到七十分就好，剩下的時間就去療癒自己。

「**適時的展現脆弱，才是勇者的表現。**」她說。

十幾年前，我在印度靈修時，有一個來自中南美洲的同學跟我很要好。某一天晚上我們一起在戶外看星星，在星空下，他問了我一個很浪漫的問題。

「Winnie，你有想過嗎？」他看著星空說，「我們的人生會不會其實只是外星人下的一盤棋？」

很神奇的是，在我陷入離婚的泥沼裡，痛苦不堪時，我又再度想起了這段話：「渺小的人類眞的可以完全操控自己的人生嗎？又或者我們只是被VR操縱的遊戲人物而已？」

我，一個台灣的亞洲人，和那位中南美洲的同學千里迢迢來到印度相遇，看起來好像是「緣分」把兩個不相干的人牽在一起，但這一切會不會就只是宇宙玩家下的一步棋呢？如果是的話，那我們爲了分開而痛苦老半天的時候，有想過這些可能都只是遊戲的設定，我們不過就只是電玩遊戲裡的一個角色罷了嗎？

我的意思是，現在，當我很痛苦的時候，我會嘗試把注意力放在別的地方，去看看五歲抬頭的「老高」，看看星空，看看銀河系，然後聽聽「老高」跟我講銀河系。

人類的通病就是會以自我爲中心，無限地放大自己。唯一能夠讓我們不要放大自身痛苦的方法，就是謙卑的相信我們不是宇宙的中心。

臣服於大自然的力量吧，當你抬頭看向星空的時候，你會發現自己只是宇宙中的一小粒。這個宇宙存在了百億光年，而人類就只有短短數十年的生命，此刻的痛苦又更只是數十載生命中的一小段時間。當你能把眼光從自身移開，開始注意到外在世界的遼闊時，你會慢慢的對很多事情釋懷，從內到外散發一種出很舒服、很放鬆的狀態，加速身心的改變。

這就是我說的「靈性面」。

如果你遇到了生命中過不去的一個坎，就先從無止盡的悲傷中抬起頭來看看星空吧！

想想你現在的痛苦，會不會只是宇宙玩家設定的關卡呢？想想這世界中無比渺小的人類，此時此刻有多少人跟你一樣正經歷痛苦，或是比你更痛苦呢？然後打起精神來，冷靜的盤點一下你擁有哪些資源，可以獲得哪些協助，能夠幫助你跨過這一個坎，充分的療癒自己。

別忘了，身、心、靈，這三等份是一樣重要的，先能夠好好吃飯、好好睡覺，身體安定後，我們的心與靈魂也才能跟著安定。

07

讓我們成爲一對友善的父母

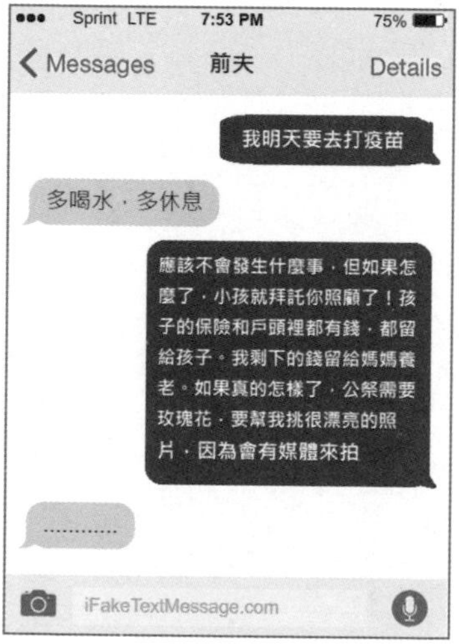
Sprint LTE
7:53 PM
75%
Messages
前夫
Details
我明天要去打疫苗
多喝水，多休息
應該不會發生什麼事，但如果怎麼了，小孩就拜託你照顧了！孩子的保險和戶頭裡都有錢，都留給孩子。我剩下的錢留給媽媽養老。如果真的怎樣了，公祭需要玫瑰花，要幫我挑很漂亮的照片，因為會有媒體來拍
…………
iFakeTextMessage.com

打疫苗的前一晚，雖然我嘴裡說沒在怕的，但只要想到家有老小，又不確定疫苗的副作用，我還是忍不住哭了一下，傳了一封「交待」的訊息給我前夫。

欸欸欸，大家不要把焦點放錯地方了好嗎？重點不是在公祭要有

玫瑰花，照片一定要很漂亮（雖然這是一定要的）！

而是就算離婚了，但要託付孩子時，我第一個還是會想到我的前夫，畢竟孩子是我們一起生養的，我也知道他很愛孩子，又值得信任。重點是，我們一直維持著很和平友善的互動。

但這一點都不容易，我很慶幸我們努力過，然後做到了。

面對敵人時，不用打仗才是最大的贏家

關於離婚的哲學，尤其是在我這個年齡層要離婚，其實就很像經營一間公司，走到最後要跟合夥人拆夥一樣，買賣不成，但仁義在。

當因爲目標不同必須跟夥伴分道揚鑣時，眞正成功的生意人是不會隨便跟別人翻臉的，因爲多一個朋友就是少一個敵人，「不要交惡」就是爲彼此保留了最好的餘地。更何況，否定過去的戀情，不也是否定了某部分的自己嗎？

我絕對不是要你明明不喜歡對方，卻勉強自己假裝大方的祝福對方；也不是要你在前夫／前妻面前，勉強自己做一個有風度、有度量的人；更不是要勉強你把分開的另一半當成好朋友……，而是「不要交惡」這個基本原則，是因爲「買賣不成，仁義在」，雖然你們的關係沒有「善終」，但也不需要「交惡」。

知名頻道「老高與小茉」有一集在講《孫子兵法》的影片很有趣，很多人都以爲「知己知彼，百戰百勝」是《孫子兵法》中的一句經典，但其實這句話是誤傳，眞正的原文應該是「知己知彼，百戰不殆」。意思是，唯有知己知彼的時候，才能怎麼打仗都打不輸，也才能避開危險。

在《孫子兵法》這本書中，孫子特別強調了「不輸」，而不是贏，這兩者之間有什麼不一樣呢？

根據老高的說明，所謂的不輸，包括和對方打成平手，也包括不發生戰爭。孫子認爲打仗的核心不是怎麼去打，而是怎麼不打。**換句話說，在戰役中最重要的是保護自己，而不是殺死敵人，唯有自己活下來，才有機會爲你的人生製造贏面。**

這不是跟離婚很像嗎？如果我們在狀態不好的時候還跑去跟對方宣戰，不是很蠢嗎？無論結局如何，兩方在戰鬥的過程中都會有所損失，所以只要一開戰就代表不會有眞正的贏家。

當然，每對夫妻離婚的理由都不一樣，也有很多不同的狀態，全面評估自己的狀態就是一件重要的事情。

像我，我是在中年離婚的，考慮到步入晚年後的生活圈只會越來越狹窄，加上年幼的孩子確實需要父母雙方緊密聯繫。所以爲了自己，也爲孩子多想一點，我選擇對前任友善，尤其是我們在彼此的生命中也曾經擁有美好的回憶，共同攜手前進過，搞不好未來發生什麼意外的時候，這個前夫還能幫上什麼忙呢！

夫妻之間若能誠心爲了孩子，共同創造一個不戰而勝的局面才是眞正的三贏，我認爲這也才是眞正的強者。

把孩子的權益放在第一順位

很多影集和電影只要演到離婚這一部分，不外乎就是爭贍養費、搶孩子的扶養權這一些很撕裂的畫面。但大部分的父母會想要「爭奪」孩子，是因爲我們把孩子當作自己的「物件」，而我們是這個物件的所有人。所以當婚姻結束時，我必須帶走這個我「擁有」的東西才可以。

但不要忘了，孩子是一個獨立完整的生命。

他有自己的想法，有自己的喜惡，我們沒辦法強迫他接受我們的觀點，所以在雙方父母都可以照顧孩子的情況下，我建議大家盡量努力去調整到客觀的心態，去接受「我的孩子不只是我的孩子」，而是他自己。

「友善父母」就是法律爲了要避免父母爭奪撫養權，導致這類傷害孩子、增加衝突的行爲發生，而以未成年子女的最佳利益爲優先考量的法律原則。如果我們在離婚時用了太多時間跟另一半拉扯，太多時間撕裂，對彼此和孩子的傷害也越多，要付出的代價也越多。

但我會有這個體悟，事實上也得來不易，以下爲本人的血淚史分享。

舉例來說，大家都知道生孩子對女人來說充滿各種危險，我在自然產下大女兒的時候還差點難產。記得那天從清晨破水開始，一直到半夜我才把孩子生下來。因爲是首胎又是大齡產婦，她的體重又重達三千六百公克，甚至因爲產程遲滯，在生產前，醫生不得不關掉了我的無痛分娩，這對平常受點小傷就會哇哇大叫的我來說，必須咬緊牙關忍受皮肉之痛，就爲了讓孩子平安誕生，不得不說母愛眞的很偉大。

但這樣歷經千辛萬苦生下的孩子，卻在上幼兒園的第一天跟我開了一個天大的玩笑！

大女兒上幼兒園的第一天放學，我去接她時，我擔心的問老師女兒今天狀況怎麼樣，結果老師居然說我女兒下課的時候，一個人站在窗戶旁邊，看著窗外的大樹滴了幾滴眼淚。

老師問她怎麼了？

她說，她想爸爸了。

嗯？

想爸爸？？

你們知道我當下崩潰的心情嗎？

我在家做牛做馬，照顧她的三餐吃喝拉撒睡，一天二十四小時幾乎都在一起，但是，她第一天離開家上學想的人居然是……爸爸？

所以從這個事件後，我就慢慢體悟到了孩子就是她自己。就算人是從我肚子裡生出來的，都是我在照顧，但她就是比較喜歡爸爸，我能怎麼辦？我能不停的向另一半競爭，不斷的向孩子討愛嗎？

我能做的只有放下，然後接受。

放下對另一半的成見，單純從孩子的出發點來看她們需要什麼。所有的愛恨情仇都只是夫妻兩人間的事情，與孩子無關。如果因爲我自己放不下，連帶孩子也要被迫選邊站，那最可憐的不是她們嗎？

放下很難，但若不及早放下，我們的未來還要浪費多少時間在爭個你死我活上？這是一個機會成本的問題。所以，如果放下比較可能讓我的未來更美好，那我決定實踐它。因爲我還有機會展開我的新人生，我還有機會讓孩子從我身上看到人生有很多不一樣的可能，而這不也是一種很正向的態度和示範嗎？

現在能和解的，就不要等到二十年後

前陣子電影《孤味》上映，我和朋友一起前去觀賞。

電影散場走出戲院後，身邊的朋友不發一語，我問他怎麼了？他說，秀英阿嬤讓他想到家裡的長輩，他們很相似，對伴侶心裡都有很深的怨恨，一輩子沒放下，最後只能帶著遺憾離開，所以他看電影的時候心裡很感慨。

我也有相同的感受。

在我印象中，大部分的台灣傳統女性都跟秀英阿嬤一樣堅毅、內斂，她們各自有著各自的苦，卻都選擇了忍耐，把苦往肚子裡吞，令人心疼，甚至爲她們感到不值。

但如果你跟我一樣，看完電影後，也因爲劇中的人物和劇情而感慨萬千，那我們是不是可以想想，那樣堅毅、內斂，內在背負很多壓抑和傷痛的傳統女性，就讓她們留在過去就好了呢？

讓他人的故事成爲照亮我們人生的一面鏡子，既然我們從秀英阿嬤和上一輩父母親所受的苦中學到了警惕；也從社會變遷，時代的進步和兩性發展中學到與前任互動的全新方式。那麼，我們就可以因爲早一點和解，重新跟對方建立關係，培養出良好的互動。

老一輩的長輩，可能對於離婚後繼續當朋友這件事無法理解，但如果能早一點和過去和解，最終好處還是會回到自己身上的。

舉例來說，很多單親父母又要忙著賺錢又要帶小孩，時間很難分配，所以只能把孩子交給年邁的長輩，或是另外花錢請保母照顧，但如果在婚姻裡你們本來就是共同撫育教養孩子的，那為何要因爲夫妻關係的改變，而犧牲孩子的利益呢？像現在，我跟前夫就把彼此都當作教養小孩的「最佳工具人」，有一個能一起帶小孩、需要幫忙時立刻伸出援手的家人可以善用，絕對是利大於弊。

如果到老才和解，心裡背負了一輩子的悔恨和遺憾，那個負擔有多沉重啊，臨死前才解脫，甚至是帶著恨意進棺材，最終痛苦的都是自己。

雖然離婚之前互相傷害的痛苦不會消失，但那些離婚後的良好互動，可能就是一個契機，讓彼此失衡的關係有可能再重新堆砌，一點一滴的累積，從五分、十分、二十分，達到五十：五十的平衡，最終超越過去的傷痛。

所以看完電影後我自己最大的收穫就是：

我不要等到老了，到死前，才和另一半和解。

我也不要用一輩子跟孩子說那些「想當初」，我現在就可以讓我的孩子看到媽媽的轉變。

我知道只要我現在願意放下，人生下一秒就可以重新開始。

08

所有生命都一樣珍貴，所有性別都應該平等

前陣子，我在網路上看到一部愛情偶像劇，剛好居家防疫期間沒事，我就躺在沙發上追了一下。結果不追還好，一追不得了，女主角的幾句台詞把我活生生從沙發上嚇到坐起來。

我看到那一幕是女主角在床榻邊細心呵護生病的男主角，幾天後男主角終於醒過來了，於是女主角溫柔的看著他說：「我媽媽跟我說過，女生是不能主動追男生的，因爲這樣的女生被男生得到手後會不珍惜。」

蛤，什麼？這都什麼時代了，我的耳朵有聽錯嗎？

只見螢幕裡的女主角一臉甜笑，接著說：「我覺得我媽媽說的沒錯，但我偏不聽她的話。」

沒錯，妳沒聽妳媽媽的話眞的太好了！因爲那句話很，恐，怖！

主動追求妳喜歡的人，
不需要向任何人解釋

這部偶像劇讓我想起國中時的一個小故事。

我國中的時候很喜歡一個籃球校隊的男孩子。但是籃球隊的比賽和練習時間，常常會選在一般學生上課或是考試的時段進行，爲了不錯過那個男生的任何一場比賽，就算遇到考試，我也會想盡辦法擠出時間去看他。

某一次，學校考試期間又跟校隊的比賽重疊了，我快速寫完考卷後打算抓緊時間去觀賽，當我走向講台把考卷遞給老師時，老師順口問了我一句：「你交卷後要去做什麼？」

「去看某某某比賽。」我說。

這時，監考老師突然看了我一眼，語重心長的說：「女生不要這麼三八，不要這麼主動，趕快去念明天要考試的科目，知道嗎？」

雖然老師講話的態度並不嚴厲，但卻反應出當時社會和普遍大眾對於女性形象的感受，那就是：女生應該要保持矜持。

只是沒想到我從國中畢業到現在將近三十年了，社會對於女生應該要「矜持」的觀念居然還在？

請各位爸爸媽媽想一想，如果有一天當你的小孩跟你說，他有喜歡的對象時，你會怎麼回答？

我想和大家聊聊，我和大女兒發生的小故事。

我的大女兒很內向文靜，但又情竇初開得很早。

有次她幼稚園下課回來，突然跟我說：「媽媽，我有喜歡的人了！」

我看著女兒純眞的臉龐，聽著她的童言童語，心想這一天也來得太快了吧！於是，我請她放好書包，邀請她一同坐到沙發上，然後跟她聊了一下這件事。

我問她：「眞的嗎？妳喜歡的人是一個什麼樣的人呢？」

女兒歪著頭想了一下。

我再繼續引導她：「妳爲什麼會喜歡他呢？他跟其他男生有什麼不同嗎？」

女兒想了想，慢慢地回答：「他對我很好，他很帥，別的男生有時候會欺負我，只有他不會。」說完，露出了一個甜甜的笑容。

小女孩的笑容好可愛，好令人會心一笑，好純眞，不是嗎？

但如果場景跳到女兒十三歲、十六歲或十八歲的時候呢？

換作是你，你會怎麼回答？

「你還這麼小，懂什麼叫做喜歡？」

「學生不好好念書，談什麼戀愛。」

「你先考上大學再說。」

「女生不准，會吃虧。」

「女生不能主動，小心男生不珍惜你。」

同樣都是一份單純的、值得被好好珍惜的感受，爲什麼我們的態度會落差這麼多？

我能明白大人對於孩子的各種擔憂來自哪裡，身爲母親，我也希望我的孩子能在一個安全健康的環境下長大，但是，我更希望自己是一個不會用男女性別、課業成績或是社會成就來評斷孩子的家長。因爲我知道，就算我的經驗比她多，但我終究不是她。我吃過的鹽可能比她走過的路還多，但那些鹽都是我吃的，與她無關。

哪怕只是一份單純的喜歡，她都擁有自己去探索世界的權利，而在她體驗世界之前，與其阻止她，我更希望爲她創造一個沒有歧視，更平等也更客觀的社會。

「男追女，隔層山；女追男，隔層紗」的性別歧視

大家應該都聽過一句俗諺：「男追女，隔層山；女追男，隔層紗。」我常跟朋友開玩笑說這句話其實充滿了歧視，而且都是衝著男生來的，你知道嗎？

因爲這句話的意思是：「女生很難追，所以追起來就跟翻山越嶺一樣辛苦；但是女生追男生很容易，所以女生只要主動，追男生就像掀起一層薄紗一樣簡單，一下就到手啦！」

但不管是前文提到的傻白甜女主角，還是隔層山隔層紗，說到底，我認爲大家在意的都不是誰主動誰好追，而是害怕在感情關係裡，「自己成爲不被對方珍惜的那一個」。

很多人認爲女孩子主動會讓男生覺得太容易得到，所以不珍惜，那難道男性就不會害怕嗎？當我們眞正徹底愛上一個人的時候，有多少人會因爲「喔，因爲是他主動追我的，所以我對他的愛要少一點」，而不珍惜對方呢？

會不珍惜我們的人，第一是不愛了，第二是他有自己的問題，第三可能是彼此的互動有問題，但這跟性別或誰主動一點關係也沒有，反而是我們在交往前就應該更加了解、認識對方，才能避免這樣的問題發生。

難道你眞的覺得兩人穩定交往之後，如果有一天對方不愛你了，只是因爲當初你是主動追求的那個人嗎？

當然不是！

在一段感情關係中，會造成分開的原因很多，比起把事情去脈絡化，只歸咎爲「因爲容易得到手，所以對方不珍惜我」的結論，我們更應該避免自己掉入單一論點，並用這樣狹隘的觀點去評論自己和對方，這才對吧？

回到傻白甜女主角的媽媽身上，我相信像這樣對女性抱有「歧視」的大有人在，但身爲女性，我們可能也沒發現自己就是幫著社會一次又一次加深各種歧視的「幫兇」。

舉個例子，大家可能會更明白。

如果有一群人在聊天，當男生講起黃色笑話時，大家可能會覺得幽默，會跟著起鬨，也或是彼此笑笑心照不宣，但是當女生主動開黃腔的時候，大部分人的反應卻是：「天啊，這女的好三八喔，太開放了吧！她一定很隨便！」

還有，很多人對於「女生第一次性經驗很寶貴」的觀念都深信不疑，那麼，難道男性的第一次性經驗就不寶貴嗎？這也是對男女性別都帶有歧視的觀念。

我很慶幸我的孩子現在還在最純眞的年紀，可以純粹的去感受生活中發生的一切。我知道未來有一天當她成爲青少年後，她會開始在乎別人的眼光；

出了社會之後，又會因爲社會的價值觀，進而影響自我價值的建立，所以我希望能給她一個平等的環境，而這個環境，是我們這一代大人要去創造的。

回到故事一開始，大家知道我後來是怎麼回應監考老師的嗎？

當老師說出「女孩子不要這麼主動……」這段話時，我笑著跟老師說：「今天去看那個男生打籃球，能讓我明天考試考得更好。」因爲有了心儀的對象，所以我會想讓自己更進步，讓自己變得更好，但這些原因是不需要向任何人解釋的，我只需要做好我自己的本分就夠了。

我希望，任何一個孩子在他長大之後，都有權利自在的對他喜歡的人表示好感，他不用因爲性別而需要有所壓抑或矜持，因爲每一個生命都是獨一無二的，值得被平等對待，期待每一個孩子都能夠自在快樂的做他自己。

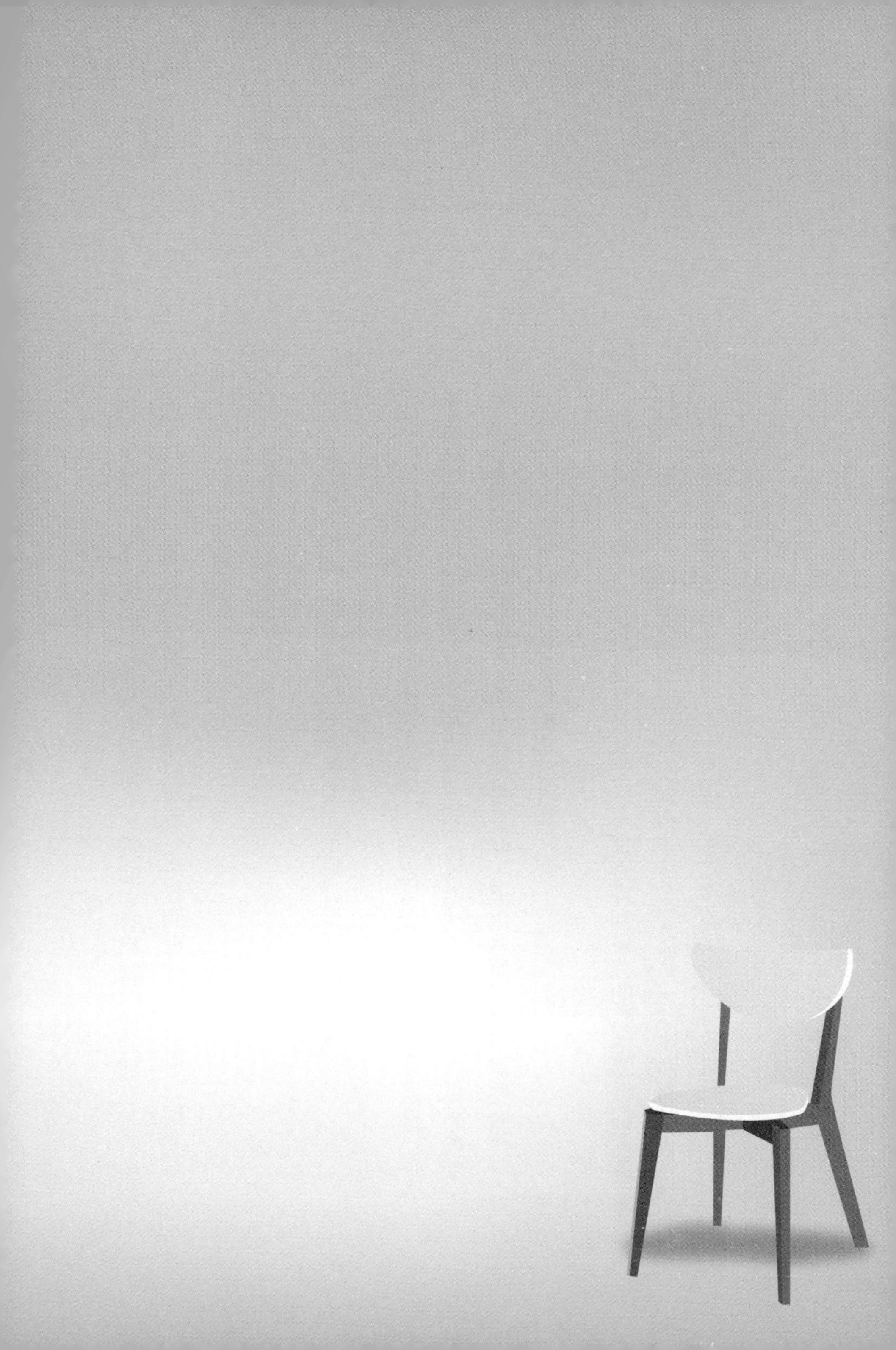

CHAPTER

3

療癒沒有時間表，

不用催促自己快快好起來

09 躲起來最簡單，「面對」才是眞正的難題

三十歲那年，我因爲長期演藝工作的壓力導致身心失調，最後聽從一位治療師的建議休養了一陣子，去了一趟印度。

有點像是電影《享受吧，一個人的旅行》（*Eat Pray Love*）演得那樣，我在印度當地生活，進修了許多瑜伽、靜坐、冥想方面的課程，跟著瑜伽將自己的身心靈慢慢調整到越來越穩定，甚至後來才踏上考瑜伽老師證照，經營瑜伽教室這一條路。

瑜伽是我人生中的一位貴人，教會我許多重要的事情。

其中一件事，就是讓我把一直關注外界的眼光，重新拉回到自己身上。

練習瑜伽的時候，我們必須停下忙碌不停的雙手，停止向外不斷搜尋的眼睛，和那一顆被外界影響而隨時起伏的心，我們會將專注力拉回到自己的身體和動作上，去感覺動作中的每一個呼吸。

每一個動作帶來身體的延展、血液在全身流竄時產生的暖流、肌肉的痠痛，在在都讓我感覺到身體的存在，感覺到我是如此眞實的「活著」。瑜伽讓我們去面對生活習慣和壓力造成的身體僵硬和緊繃疼痛，逼我們去面對自己的身體——這是一個經由面對、凝視，深入，最後回歸內在的過程。

瑜伽練習就是一場需要你誠實面對自我的修練，逃也逃不掉。

「被拋棄的我」，還值得被愛嗎？

生活也一樣。

就跟瑜伽會感受到身體的拉扯一樣，有時候，逆境就是生活在心靈上的拉扯。

身體不舒服的時候，有些人會選擇盡快去看醫生，看看自己哪裡生病了，但是也有些人會因爲害怕，所以選擇無視身體發出的警訊，覺得不理它就沒事了。逃避就是最簡單、最無痛的做法，但是往往被我們刻意忽略的病症一拖再拖，就會用更猛烈的方式反撲，直到身體病入膏肓爲止。

結束一段關係也是這樣，明明心痛的感覺如此強烈，但許多人還是會選擇無視，反而把自己丟到更多工作、更多社交生活中來逃離一切，拼命證明自己很堅強很ＯＫ，事實上，每天排滿的行程只是爲了躲避回家後一個人的孤單感。

這些向外尋求安慰的人，心裡眞正害怕的是，如果沒有了滿滿的工作、約會、朋友，他就得自己單獨面對心中不斷浮出的空虛、痛苦和否定自己的恐懼，他們害怕面對被另一半「丟下」的自己，因爲那會讓他們懷疑「爲什麼對方要離開我？」、「被拋棄的我，還値得被愛嗎？」

我離婚時也經歷過那段時間，尤其當中年危機和中年失婚同時發生的時候，我的自信心更是跌落谷底。

因爲不能接受事實，所以一心只想用更多行程把時間塡滿，只要一想到自己是被拋棄的那一方就感到巨大的悲傷，一想到對方不要自己了，便認爲自己失去了被愛的價値而痛苦萬分。

但是，在經過心理諮商師一段時間的細心陪伴下，我慢慢能把事實和情感面分開來看。

把事實和情感面分開來是什麼意思？

#接受已經發生的事實

就是不管我的感受多痛苦，我都能眞正接受「離婚」是一個事實。分開是一個已經發生的狀態，而現在的我，不管心裡想的是不是自己被拋棄了，我都要接受離婚已經是「不能改變」的事實。

當我們能接受事實，就不會再投入更多的時間和精神埋怨對方爲什麼要離開我？我哪裡不好？哪個環節錯了？在已經發生的事實裡糾結太久，對療癒不會有任何幫助，一切都只是徒勞無功而已，我們只會一次又一次站在舊有的碼頭，將自己重複推向痛苦的深淵。

因此，雖然很痛苦，但接受不能改變的事實，就是療癒自己的第一步。

#相信自己不是受害者

第二步，拋下我是一個受害者的角色，誠實的面對自己。

心痛就像一道鎖，把我心裡那一扇大門深深鎖起來，沒辦法再向任何人開啓，包括我自己。我拼了命地用我很堅強、我很能忍、我很勇敢來假裝分離不會對我造成任何影響和傷害，但事實眞的是這樣嗎？

不是的。

我們都知道，事實是如果有人能俯耳貼近那一扇門聆聽，就會聽到我在門裡無助的哭泣。關起的門，讓心碎、痛苦、失落和沮喪的情緒攪亂成一團，無處宣洩。

但接受事實的第一步，就像將深鎖已久的大門輕輕地打開了一點縫隙，而情緒開始能夠沿著縫隙向門外傾洩流動，慢慢的，我開始能誠實的面對內在的傷痛了。

我不再試圖用外在的堅強證明自己，而是每天挪出一個時間和空間不逃避自己，接納自己在這段時間產生的所有情緒，即使是痛苦悲傷也都是我的一部分，我就是我，不需要特別去證明。如果我只想證明自己很好，最終我只會迷失自己，失去自己原本的樣子。

不要懷疑自己是否值得被愛。

因爲這世界上，每一個人都値得被愛。

不用過度標籤化或自我矮化，也不要扮演受害者，因爲這也是扭曲的能量。

成爲受害者或許可以換來同情與掌聲，卻會讓我們沉浸在竊喜中忘記檢討自己。一段感情的結束也代表未來正要開展，所以我不覺得自己很可憐，也不覺得對方很可惡。在我切斷與對方所有一切的同時，似乎也否定了過去某個部分的我自己，我就是不想當這種人，所以我選擇活在當下，我能夠去期待我的未來更美好。我接受我自己的全部，這就是我的「分手哲學」（但是，在某些婚姻事件裡是眞實存在著受害者需要協助，與我這裡指的狀況不一樣）。

想想每天早上跑來叫我起床的小孩、想安慰又不知道怎麼開口的母親、三更半夜還願意接電話的閨密，還有會叫我們美女帥哥的早餐店阿姨吧……，現在的我只是暫時沒有愛情而已，但能給予我們「愛」的人卻非常非常多。

療傷沒有時間表，不需要問自己多久能復原

有一次跟爲民哥聊天，我問：「爲民哥，你離婚後過了多久才開始有走出

陰霾，重燃希望的感覺？」

我原本期待一個經歷一切的過來人能給我一個正向又充滿智慧的答案，但是爲民哥卻說：「沒有，從來沒有。」

「蛤？」

「即使現在偶爾夜深人靜的時候，我還是會覺得一定是我哪裡有問題，對方才會拋棄我，離開我，老天爺對我眞不公平，我到底做錯了什麼？」

我問：「那怎麼辦？」

「沒有怎麼辦，就與它共存啊。」爲民哥的話讓我聯想到心理諮商師的比喻。

諮商師說離婚就跟摔斷腿一樣，需要經歷一個完整的復原過程。

一個摔斷腿的人在動完手術後，第一步要想的不是走路，而是怎麼讓自己坐上輪椅；第二步則是如何從輪椅進步到拐杖，第三步才是放開拐杖慢慢行走，至少需要半年以上才能回到正常人的狀態。

但是我們人呢，大部分都只想看到美好圓滿的結果，下意識想避開漫長痛苦的復健過程。所以開完刀後，大家問醫生的第一個問題一定都是：「我什麼時候才能走路？」

而失婚或失戀的傷痛就像這隻摔斷的腿，一開完刀是沒辦法馬上恢復原狀，健步如飛的，你催它也沒有用，我們必須接納與這個狀態（情緒）共存一段時間，把康復要花多久時間的問題拋在腦後，專注在每一個活著的當下，把這個當下過好，因爲如果你沒有把握現在復健（療癒）的每一分每一秒，也根本不用去想未來能康復得多好。

身體的傷和心裡的傷都一樣，有自己復原的時間。

有研究指出，將近七〇%的人在分手六個月之後，心靈上的痛苦會開始慢慢消退，我們會開始感覺好一點，那種撕心裂肺的感覺好像也沒那麼痛了。就像爲民哥說的，我們會開始接受自己與這個傷痛共存，讓它成爲生命中的一部分，或許，這也是日後讓我們變得更好的養分。

#「變得更好」，還是假裝變得更好

值得一提的是，雖然很多人離婚或分手之後，會想用「變得更好」來激勵自己，期待自己變得更好之後，可以遇到一個更好的對象、擁有一段更好的感情。但這種「變好」其實含有一種目的性，是爲了要換取往後能遇到好對象或好感情，所以才去執行、才去讓自己變好的，這反而會讓單純想要變好的心變質，更容易將「變好」＝「完美無瑕」的壓力加到自己身上，將「唯有變好」和「才能幸福快樂」畫上等號，反而是自我療癒的阻力，而非助力。

爲了要變得更好，比過去更投入工作，沒日沒夜地賺錢；爲了要變得更好，每天跑健身房，努力健身，把身材雕塑到最完美的等級；爲了要變得更好，做更多的醫美療程，買更多新衣服，只爲了讓自己看起來比外遇對象更年輕更漂亮……。過度想要變好的心態，容易太激進，當付出了這麼多努力卻還是沒有所謂的好結果時，就會變成另一種扭曲的能量。

其實「變好」是可以包容瑕疵的，因爲完整的自己，比完美的自己更重要，不是嗎？

離婚看似是一個兩性議題，實則是人生課題。千萬不要過度將肯定自己的掌控權交給外在世界，它會讓你在一個人的時候更加孤單寂寞，更背離眞實的自己。專注在每一天的生活，過好每一天的日子，這一些生活點滴的累積都會是未來康復的關鍵。

搭建一道「安全又不擾人」的防護網

等待腿傷復原的期間，很多人會安慰和協助我們。

家人烹飪營養的食物、好友姊妹的探視安慰、專業復健師協助我們復健……，對於身體上的傷痛，我們可以接受每個角色都有不同功能，不會傻到抓著爸爸媽媽要他們充當復健師。但是，面對心理傷痛就不是這麼一回事了，人們最常犯的錯誤，就是把心理的復健工作交給家人或好友，不只抓著他們訴苦，還希望他們能爲自己的傷痛給出一些專業建議。

一對認識十幾年的好朋友 Lisa 和 Mily（皆化名）就是如此。

Lisa 在結婚五年後離婚了，離婚後的她非常痛苦，於是找上閨密 Mily 訴苦。看著從學生時代就是好友的 Lisa 陷入巨大的沮喪中，Mily 除了聽好友吐苦水之外，還常常陪她外出吃飯、逛街，看各種表演，單身的 Mily 甚至還推薦了各種交友軟體給 Lisa、約了各種局邀請 Lisa 參加，就是希望讓好友早日走過離婚療傷期。

陪好友約會，聽好友訴苦，都不是問題，但最令 Mily 頭痛的是 Lisa 雖然在外人面前一切正常，卻常會在深夜傳訊息或打電話給 Mily，說她發現前夫的臉書跟其他女生有奇怪互動、抱怨前夫怎麼都不接電話也不回訊息……，當 Mily 建議 Lisa 短時間內先不要關注前夫或是給出其他建議時，Lisa 又像活在自己的世界，直接無視或是反駁 Mily 的想法。

時間一久，就算是再好的朋友也感覺好疲倦，兩人甚至會因爲彼此處理感情的方法不同而互相生悶氣，原本眞摯的友情也因此受到了影響。

陷入低潮時，想要抓住身邊能讓自己依靠的浮木是很正常的反應，但是大家一定要分清楚，好閨密好朋友也許可以暫時陪你度過低潮，可以陪你講另一半的壞話、可以陪你瘋狂購物買醉，但他們不見得能成爲那一根眞正幫助你站起來的拐杖。所以，當你把心理的復健工作交給他們，而他們又是如此愛你的時候，有可能就會爲了你，過度承攬了不該承攬的責任。

把不屬於他們的責任丟到他們身上，對你的閨密來說並不公平，若是沒有拿捏好，你甚至可能會失去跟他之間原本的情感界線，友情受到波及。朋友分很多層，有的朋友能給你慰藉，有的朋友可以跟你分享經驗，但所有關係都必須要拉出界線。

在療傷期間，如何妥善使用身邊的資源，爲自己築起一座安全又不擾人的堡壘？尤其遭遇離婚這類重大低潮的時候，要怎麼安頓二十四小時隨時都可能爆發潰堤的情緒呢？

我們需要爲自己搭建一個強大的後援系統，這些人不只能提供你情感上的安慰，也要有專業的角色協助，才能在這段長達半年到一年的康復計畫裡充分支持你。

家庭後援

第一個可以在情感方面支持你，成爲你強大後援系統的絕對是家庭。

如果你跟家人的往來互動良好，那麼家人是跟你最沒有利害關係的人，他們對你的愛是無私的。所以如果爸媽很疼你、兄弟姐妹跟你感情很好，你可以從家庭裡尋找合適的後援。

經驗類似的朋友

但如果你跟我一樣沒有家庭支援，那麼我們尋求情感支持或實質建議的對象，則可以傾向有同樣經歷的朋友。

一個背景、年紀、生活環境，甚至遭遇都跟你差不多的人，或許他才能站在你的角度同理你，也比較能給出合適的意見。

試著看看周圍有沒有跟你因爲一樣原因離婚的朋友，但他離婚的時間可能比你早，也早就踏上了這條康復之路，當你向他尋求經驗的分享或是支援時，也才比較不會兩個人一起陷入悲傷。

#妥善分配資源與時間

我們可以把後援系統中的家人和朋友分類一下，依照他們可以被打擾的時間和程度安排。像是有些朋友早上可以打擾，有些朋友晚上才有時間，但你偏偏是凌晨夜深人靜時最容易崩潰，那麼你就要找出一個凌晨可以接你電話的朋友。

適當分類的目的是分散壓力，不要把所有負擔都放在同一個家人或朋友身上，所以最好能配合對方的時間，又能讓自己的情感面保持二十四小時安全，不會在崩潰的時候找不到人傾訴。

但無論是實質建議或情感慰藉，這種朋友差不多三到四個就可以了。

除此之外，更要慎選人，要打開眼界跟智慧去找出這樣的人，他們不見得是你的閨密（閨密可能沒有類似經驗，無法給予建議，但可以給你情感支持）。我自己也是花了七、八個月的過程一層一層縮小範圍尋找，花時間去跟這些人互動、花精神付出情感跟眞摯的友情，才在經驗上找到與我相似，更能同理我的朋友。

但如果眞的不行，那就不要怕花錢。去尋找能幫助你的專業心理諮商或是宗教信仰，找到能給予你良好支持的對象，幫助自己好好走過這一關才是最重要的。

10

離婚怎麼辦？當然是先保命再說！

我承認，我是一個相信星座運勢的人。

每週收看運勢週報，每年參考年度星座運勢大全都是不能少的行程，基於對星座的了解（扶眼鏡），我覺得自己很符合摩羯座實際又愛做計畫的基本性格。

之前有人問，離婚後我最難適應的事情是什麼？

我想是回到家打開門後，那一間空蕩蕩沒有人聲的房子最難適應吧。

因爲我不只有魔羯座的實際，也有摩羯座的細膩和對於安定感需求的一面，加上原生家庭的影響，讓我一直很渴望有一個溫暖的家庭，所以步入婚姻有了孩子後，爲我帶來了很大的安定感。每天幫孩子打理三餐，爲全家張羅一切，看著下班後回到家的先生坐在沙發裡看電視，兩個孩子互相打鬧玩耍，這些微不足道的小事就能讓我感到很幸福。

但是一離婚後，八年來每天都有的電視聲和喧鬧聲頓時不見了，每天晚上全家人相聚在一起的甜蜜時光，曾經的幸福已經落幕。尤其一到夜晚，家家戶戶燈火通明，窗外傳來陣陣的飯菜香時，對比之下，伴侶不在身邊總是會讓我連結到童年家庭破碎和父母缺席帶來的孤單恐懼，這一份孤單感有時甚至巨大到快將我呑噬。

但即使是在如此心痛的時候，摩羯座的實際仍舊發揮了作用。

我在離婚前經由諮商得出的結論是，離婚後「面對孤單」將會是我最大的課題，所以我花了很多時間在爲分居離婚做準備。舉例來說，那段時間我會設計一個人的小旅行、投宿在好姊妹家，或是夜晚去家附近的商旅住一晚，就爲了「練習一個人」。

但不瞞大家，這些練習對當時的我來說其實效果滿差的，因爲心情實在太不好了，我通常練習一個人獨處時也是一直在哭，有時甚至一路哭到睡著，隔天睡醒後只能看著鏡子中自己浮腫的雙眼，安慰自己這一切都會過去。

先衡量自己的需求，再做決定

我聽過有些人會抱怨摩羯座，說好聽是實際，說難聽是現實，但若有機會我一定要請唐國師幫我們說說話，因爲在非常時期，實際就是一個優點，讓摩羯座絕對能善用生存法則好好活下去，不信你看我就知道了。

剛剛有提到，離婚後我面臨最大的問題就是夜晚害怕孤單，所以就算很多人與伴侶分開或是關係結束後會離開熟悉的傷心地，我卻還是選擇繼續居住在原來的生活圈附近。

你問我爲什麼？

當然不是因爲捨不得對方或舊情難忘啊，而是對當時的我來說，首先要能好好活下去才是最重要的事！

如果我搬離了原本的生活環境，不只在合作照顧孩子時會比較不方便，也會失去和這個家的緊密連結。由於我很清楚孤身一人的孤單感，會讓我的內心動盪不安更加痛苦，而身心是相連的，心理狀況不好時，身體狀況理所當然也會跟著不好。所以我選擇繼續留在原本的生活圈裡，住得近，生活環境和交通往來的轉變小，也就不需要在變動時刻還花費太多精神重新適應。我既方便跟前夫協調誰帶孩子，又能彈性配合孩子的作息和她們的活動範圍，同時又可以減低我內心的孤單感，讓我有更多時間去療癒自己。

誇張一點說，我就是為了保命。

所以在與前夫密切合作的背後，其實也包裹著我個人的需求，因為這樣，我會主動和前夫保持友善理性的溝通，讓他明白我是這樣的性格，我需要這樣的幫助，並且真摯地詢問他是不是能夠協助我。

#面子先放一邊，勇於提出需求

當夫妻即將分離時，千萬不要害怕跟另一半提出你需要協助的要求，也不要害怕主動向其他人求助。

許多人難以開口請別人幫忙，往往是因為內心深處有一份極大的擔憂與恐懼，認為向他人求助，看起來就好像是自己能力不足，面子掛不住；也有一種人是害怕求助會替別人帶來麻煩。但換個角度想，揣測他人的想法，在意他人的眼光是不是會讓已在低潮的你更加痛苦，生活更加綁手綁腳呢？試著想想看，我們自己有能力對其他人伸出援手時，內在會不會也獲得了成就感和滿足感呢？

這也是爲什麼我會建議大家在結束一段關係時，必須先回歸內心，檢視自己的現況。如果情況允許，你是可以主動開口向對方尋求幫助的。尤其是當你在婚姻裡有了孩子，或是你的狀況需要對方協助時，更要盡量避免製造仇恨。

但請記得，向外請求協助時，態度一定要溫和、友善與眞實。

一個跟你生活過這麼多年的人，他一定能了解你的恐懼跟脆弱。如果你們是在和平沒有仇恨的情況下分開的，他沒有理由拒絕你；但如果你們之間有太多的仇恨嫌隙，那就另當別論，你哪裡有痛他就往哪裡踩，別還傻傻地奢望他會對你伸出援手。

我的幸運總在我做了很多努力後發生，雖然過程眞的很辛苦，但最終，我跟前夫是可以溝通，而且是有彈性的。

所以你說摩羯座太實際嗎？

實際不是壞事，我既不會活在假裝完美的想像裡，也不會逃避現實。實際也不會和我的浪漫、熱情、天馬行空這些特質牴觸，我用我的實際換取了現在和平的結果，因爲我知道，這絕對是前夫、孩子和我，大家三贏的局面。

跟電視機道謝，跟陽光道謝，跟自己道謝

網路上流傳一首作者佚名的小詩，我非常喜歡。那首詩是這樣寫的：

《每個人都有自己的時區》

紐約時間比加州時間早三個小時，
New York is 3 hours ahead of California,

但加州時間並沒有變慢。
but it does not make California slow.

有人二十二歲就畢業了，
Someone graduated at the age of 22,

但等了五年才找到好的工作！
but waited 5 years before securing a good job!

有人二十五歲就當上CEO，
Someone became a CEO at 25,

卻在五十歲去世。
and died at 50.

也有人遲到五十歲才當上CEO，
While another became a CEO at 50,

然後活到九十歲。
and lived to 90 years.

有人依然單身，
Someone is still single,

同時也有人已婚。
while someone else got married.

歐巴馬五十五歲退休，
Obama retires at 55,

川普七十歲才開始當總統。
but Trump starts at 70.

世上每個人本來就有自己的發展時區。

Absolutely everyone in this world works based on their Time Zone.

身邊有些人看似走在你前面，

People around you might seem to go ahead of you,

也有人看似走在你後面。

some might seem to be behind you.

但其實每個人在自己的時區有自己的步程。

But everyone is running their own RACE, in their own TIME.

不用嫉妒或嘲笑他們。

Don't envy them or mock them.

他們都在自己的時區裡，你也是！

They are in their TIME ZONE, and you are in yours!

生命就是等待正確的行動時機。

Life is about waiting for the right moment to act.

所以，放輕鬆。

So, RELAX.

你沒有落後。

You're not LATE.

你沒有領先。

You're not EARLY.

在你自己的時區裡，一切都會準時。

You are very much ON TIME, and in your TIME ZONE Destiny set up for you.

——網路　佚名

在這首詩中，我很喜歡它運用了時間的元素。

時間就像一條長河，你在上游段、中游段或是下游處看它，都會發現它隨著地貌變化而有不同的樣子，或慢或快，或平坦或湍急，或濺起不同程度的水花，就跟我們的生命一樣。十五歲遭遇挫折時可能覺得重如泰山，等到二十五歲再拿出來看卻輕如鴻毛；二十歲的分手鬧得要死要活，三十歲的分手可能笑一笑道別後還能做朋友；四十歲的離婚痛不欲生，五十歲時再回首或許一切都已雲淡風輕，甚至感謝自己勇敢的決定。

人生中有很多事情，我堅信時間終會給予我們幫助，療癒一切，但你必須要有耐心。在等待時間過去的分秒裡，我們也可以試著付出多一點努力，讓自己在療癒的路上，步伐可以越走越穩。

離婚後我養成了一個新的習慣，我會在每天早上醒來時，試著不急著睜開眼睛，不急著下床，而是先對自己的生命 Say Yes。

哪怕只是五分鐘或十分鐘，試著爲自己保留這短暫的片刻。你不用冥想，不用打坐，也不用祈禱，不用受限於外在的規範。早晨醒來後，第一件事，也是唯一一件事，就是好好躺著，然後感謝你的生命，對自己的生命說「是」。接著，慢慢睜開眼睛，感謝你第一眼看到的事物。

我知道這聽起來有點好笑，因爲我第一次聽到時也是不以爲然，我每天睜開眼睛唯一會看到的就是我的電視機，我是要感謝誰？電視嗎？

聽起來滿蠢的，但就是先說吧。

每天早上醒來，我一看到我的電視，就在心裡感謝我能在房間裡擁有一台自己的電視。

無論前一晚我們是帶著什麼樣的情緒入睡都不重要，睜開眼後先對生命感謝，對自己感謝，感謝窗外的陽光，感謝此時此刻在你腦中浮現的人事物，讓我們的身心都沐浴在這一份感謝中。接著，身體慢慢暖身，大腦慢慢暖機，然後再起床，用愉悅的心情開啓這一天。

讓這個儀式成爲每天的開端，對我恢單之後的生活非常有幫助。

無論前一晚有多疲倦，工作有多不愉快，生活有多少挫折，我知道人生的掌握權依然在我身上，我可以選擇用平靜感恩的心情開啓新的一天。這就是我在等待復原的時間裡，所做的微小努力。我很感謝我自己，因爲這是我學習瑜伽十幾年來都做不到的，但現在，我爲了自己做到了。

孤單VS單獨，別傻傻分不清楚

我的頭號剋星，孤單感，有時會像躡手躡腳的小偷一樣在夜晚突襲我。

過去當我感到孤單寂寞時，我可能會打開電視手機，或是找人講話來沖淡心裡的孤獨，但現在的我會先深呼吸幾口，給自己幾分鐘時間，暫時與外在隔絕，先練習回到內在與自己對話，問問自己發生了什麼事？現在一切都還好嗎？

我會告訴自己，我已經不再是當初童年中那個無助的小女孩了，我現在是一個有智慧的成年人，我能否用智慧去分辨心中的這一份失落，究竟是孤單（lonely）還是單獨（alone）？

當負面情緒來襲時，如果自己分辨不出來，除了可以打電話問問親近又有智慧的長輩、朋友之外，也可以向心理師、諮商師諮商，透過和他人的對話來確認心中這些感受是正常釋放的感覺，還是太超過了，認識各種情緒在我們身上的展現方式。

爲什麼「分辨情緒」很重要？

因爲當一個人無法察覺自己正在經歷哪些情緒時，也就比較不容易找到相對應的方式幫助自己調整情緒狀態，也就容易陷入被情緒綁架的局面。

相反的，當情緒感受來襲時，情緒敏感度越高的人，越能辨識出自己的情緒，察覺自己的狀態，知道自己身上正在經歷什麼事情。久而久之，他們面對不同的情緒時比較能找出符合自我需求、相對應的處理策略。

其實就像生活中會遇到各種狀況一樣，每個人都會發展出一套適合自己的方式幫助自己度過。比方，肩頸痠痛時，有人習慣用做瑜伽的方式舒緩，有的人會去泡泡溫泉，還有一些人會選擇去按摩。面對情緒時也是，如果我們能夠察覺情緒的產生，就能逐漸找到適合自己的方式去面對、處理，而不是簡單粗暴的否認壓抑。比方，焦慮時，你可以從過往的經驗中找到緩解焦慮的有用方式，有些人會暫時放下手邊的工作去聽聽歌，或是選擇去慢跑，還有一些人會用烹飪、看書等方式緩解……，建立起屬於自己的情緒工具庫。

所以，情緒低落時，我不是只是要你每天早上對著鏡子假笑，信心喊話，催眠自己，讓自己活在自我感覺良好的假象裡。而是要你多跟自己真心的對談，無論你正處在低落、焦慮或是生氣的情緒中，都可以透過說出自己的感受，用情緒配音的方法來舒緩情緒。這也是我和女兒對話時會使用的方式，試著眞實的說出自己的感受，接受自己擁有這些情緒，不批判，與它共處。

找到方法，幫助自己與孤單感共存

經歷一切後，最終我了解，我並不是因爲結束一段關係才感到孤單的。

只要是人或多或少都會孤單。

在婚姻裡會有婚姻的孤單感，一個人也會有單身的孤單感，這些都是正常的，所以不用刻意去放大自身的孤單，並且爲此傷心。

人是群居的動物，但或許科技發展、水泥高牆隔絕了彼此的緣故，我們多出很多可以獨處的時刻，再加上這兩年遇上疫情，很多人有家歸不得，不能探親探望朋友，也不能正常社交，更加阻擋了人與人之間的距離，孤單感或隔絕感會更強烈，這些都是正常的情緒。但是，如果只是因爲希望有人陪，而放任自己待在不快樂的關係裡，那種孤單感反而會更危險，可能又是另一種會危害身心靈的狀況！

以前在婚姻裡，我是孩子的主要照顧者，離婚後重新分配了時間，孩子的爸爸跟我也都爲此做了一些調整，我也多了更多空閒跟時間。就好像孩子長大離家的父母都會面臨的空巢期一樣，我的孩子雖然還很小，但我的空巢期已經提早出現了。

離婚前一個月，我很密集的跟諮商師見面，其中很大一部分就是討論怎麼安排離異後的空巢期。

剛好這兩年遇上國際疫情，國內外開設了很多線上課程，因爲時差的關係，朋友建議我可以去報名一些美國的線上課程。於是就這樣，我在半夜失眠的孤單時光裡，有一群隔著海洋，講著不同語言的同學陪我度過。這些課程充實了我的內在，帶來了長期的喜樂，這跟衝動刷卡購物帶來的短暫快樂完全不一樣，因爲興奮感或刺激感帶來的快樂很容易消退，但是當你從事一件眞正喜愛的事物時，內心平靜的喜悅則可以持續很久很久。

我們可以找出以前舊有的興趣，或是一個人從事的時候會開心的休閒娛樂，重新並且持續去做。比如，有些人喜歡開車兜風，享受一個人駕駛的樂趣；有些人喜歡午後一個人靜靜的待在咖啡廳……，找出一個人可以持續從事的興趣，把這個興趣發展成你內心喜樂的泉源。

我也會跟周圍沒結過婚或恢復單身的朋友們請教，請問他們平常都是怎麼安排時間，怎麼度過漫漫長夜的？單身的朋友們在深夜裡一定偶爾都會有孤單的感覺，他們一定都有各自排遣寂寞的方法，不要怕丟臉，問就對了。

在這段艱困的過程中，與孤單共處是我生命中要學習的課題，那你呢？

就算到現在，我也還是在持續練習發掘一個人獨處時的美好，我也還是在練習面對孤單帶來的恐懼。首先，找到你想要克服的難點，然後列出具體做法，讓我們一起前進吧！

夜晚睡不著東想西想時，如何幫助靜心入睡？ ——

PRACTICE EVERYDAY

❶ 可以在床上或地板上練習此一動作。

❷ 躺在床上，大大的深呼吸十口。

可以的話，吸氣用鼻子，吐氣時將嘴巴打開，把空氣大口吐出，同時也把負面能量排出。

❸ 雙腿膝蓋打彎，用雙臂緊緊環抱住雙腿，使雙膝貼近胸口，停留一下下。

❹ 接著把雙腿往天空將打直，腳板反勾。雙手可以在腿部後側環抱雙腿，停留一下下，讓腿部輕盈放鬆。

❺ 鬆開雙手，先讓雙膝打彎，腳掌踩地。

❻ 接著雙膝向外打開腳掌相對，雙手向外打開手掌朝天，或著放至腹部，眼睛閉上，用腹式呼吸放鬆。

11／做一個討喜的中年婦女，再一次跟生命SAY YES

今天早上醒來後，我向床的右手邊滾了兩圈，看了一眼床尾那台值得令人感謝的電視機，默默在心裡感謝昨天又是它伴我入眠，之後我又往床的左邊滾了一圈，一轉頭，想到前陣子跟諮商師的討論，忍不住深呼吸了一口氣。

離婚後，要調整的事情還眞不少。

結婚八年，一直到要離婚，我才發現自己除了演藝圈的同事之外，幾乎沒有一般的異性朋友和單身朋友。

離婚後，諮商師幫我做了生活上的檢視與調整，結果發現我的朋友只剩下太太群、媽媽群，或是女兒學校同學的老師，我的交友圈跟生活圈變得十分狹窄，這讓我感到有些苦惱。

責任越重，頭箍越緊，朋友也越少

這眞的讓人很感嘆，女人進入婚姻後生活圈越來越小，漸漸只以家庭孩子爲主是很常見的情況。每一個太太、媽媽的內心都有一份想要維繫好家庭的責任感，這個責任感根本是孫悟空的頭箍，責任越重，頭箍越緊，不斷地提醒每一個女人：我現在的生活重心就只有家庭，我必須奮不顧身扮演好一個賢妻良母的角色。

爲了這份使命感，媽媽們的一天二十四小時就在清晨中拉開序幕，總是在拉拔孩子，追逐工作，忙活家務的場景中飛奔，有時候甚至會忙到連看LINE滑臉書的時間都沒有，唯一能放鬆的時間就是上廁所，但一關上廁所門，一下女兒呼喊媽媽，一下狗狗不斷抓廁所門，一刻都閒不下來。我們站在陀螺的中心不斷旋轉，為了討孩子歡心，討伴侶歡心，討同事主管的歡心，日復一日。直到有一天孩子長大了，離家了，不再像過去一樣需要你了，或是像我一樣中年恢單，提早進入空巢期了，這個時候，你才會發現你的生活除了孩子家庭之外，有多乏善可陳。

老實說，誰會在結婚之初就想到離婚？

所以，婚後只跟媽媽太太們打交道是很正常的，也沒有時間細想有什麼不對勁。但是恢復單身後，我周遭的朋友都還在家庭裡，談論的話題也還是圍繞著小孩、老公打轉，對於我這個剛恢單又上了年紀的女性來說，想拓展新的朋友圈、社交圈，真的不是這麼簡單。

或許大家都以為藝人的私生活就一定多采多姿，身為一個過來人，我必須先用慘痛的經驗給各位一個中肯的建議：不管你現在是什麼身分，是單身、交往中，還是已婚，如果可以，請記得讓自己的交友群盡量保持在多元、平衡又開放的狀態裡。現代女性就算結婚後也不應該只剩下同性朋友，或是只跟已婚人士交朋友，能維持多元正常的社交關係最好。

別誤會，我並不是鼓勵大家只結交異性朋友，同性朋友也很重要。在你的朋友圈中，最好同性的朋友要有，異性的朋友也要有；年輕的朋友要有，年長的朋友也要有，讓你的朋友盡量多元化，你的生活才不會只偏向一方而失衡。

我始終認爲，生命是透過能量不斷流動來維持平衡的，金錢如此，身體如此，交朋友也是如此。

好比說，你覺得金錢只是數字，但當你使用它時，就是能量的轉換。比方現在疫情期間，我們用小額款項去餐廳消費、去買書或幫助其他人的時候，此時的金錢就是一種正向流動的回饋。交友也是一樣，當我們在同一個身分、同一類族群中待得太久，視野很容易只看得到世界的一小部分，你只聽到跟你差不多同樣的觀點，侷限於同一類人的思考，能量便會凍結。然後慢慢地，我們就會成為一隻只看得到眼前那一片狹小天空的井底之蛙。

如果可以，從現在起多認識一點同溫層以外的人吧！

不論是住家附近便利商店打工的年輕人、一起爬山運動的年長夫妻，甚至是公司新來的工讀生，不同的朋友不僅可以豐富你枯燥的日常生活，當你發生問題時，你也可以知道面對同一件事情的時候，大家的觀點會有多麼不一樣。如果能在生活中多一點點交流，就能為你的生命帶來更多能量的流動。

但如果你現在剛好離婚了，交友圈又很封閉也沒關係，正面一點看待，恢單就是一個機會，讓過去太急於討好他人，太疏於照顧自己，失衡已久的生活重新找回平衡。

其實中年的苦惱大家都差不多，粉絲團就有很多粉絲私訊問我，年紀越大越難交朋友，如果又遇上離婚恢單，那怎麼辦？

如果離婚後身心都療癒好了，已經準備好想要走出去重新開拓新視野，展開新生活的話，又可以怎麼開始呢？

重建社交生活，向所有來到眼前的說「好」

大家看過金凱瑞的一部電影《沒問題先生》（*The Yes Man*）嗎？

電影裡的男主角卡爾，自從與前妻離婚後開始封閉自己的心，凡事都找藉口拒絕，不參與任何社交活動，每夜消極的癱在沙發上看電影。直到被朋友拉去參加了一場「YES」講座。在講座中，講師預言卡爾必須向每個來到眼前的邀約都說「YES」，否則就會招來厄運。

不想倒楣的卡爾只好硬著頭皮答應一切邀約與請求，從此成爲「Yes man」，沒想到他的命運開始有了轉機，好運接二連三地朝他奔來，不只生活圈大開，眼界大開，結交了更多行業的朋友，甚至還找到生命中更適合他的另一半。

我在 YouTube 頻道訪問大飛那一集，他就舉了《沒問題先生》當例子。

想重啓社交圈，就先成爲 Yes man。

Yes man 就是爲自己設定一段時間，在那段時間裡對所有邀約都說 Yes。給自己一個機會走出去，就算硬著頭皮都去，去了以後才能跨出認識新朋友的第一步。如果去了之後發現場子不怎麼樣，怎麼辦？沒怎麼辦，就禮貌地閃人，感謝人家願意約你出來，也感謝自己願意跨出第一步。

總歸一句，就是先衝再說啦！上了年紀的人下班後只想回家，任何約會都嫌累，不要說你了，我也是這樣，我們又很容易不自覺地按照固定行程生活，去固定的早餐店、固定的上下班路線、連剪頭髮都去同一家店交給同一個設計師，如果你不做出改變，新生活和新對象是不會自動找上門的。

有一個故事是這樣說的，某個小村落因爲極端天氣接連下了好幾天的大雨，洪水即將淹進村裡，一位村民眼看洪水已經緩緩流進家門了，他便跪在地上向上帝祈禱，堅信上帝會親自來拯救他。

這時一個救生員駕著小船經過村民的家，對著村民大喊：「現在還有時間逃走，快上船吧！」

村民說：「不！我相信上帝會來救我的，你先去救別人好了。」

過了不久，洪水逐漸淹到村民的膝蓋了，他便爬上餐桌繼續向上帝祈禱。這時，又有一艘救難隊開著小艇過來，對著村民喊：「快上來吧，洪水越來越大了！」

村民說：「不，我相信上帝會來救我的，你先去救別人好了。」

再過不久，洪水沖進村民的家，他只好爬上屋頂等待救援。這時一架救援直升機朝他飛來，飛行員丟下了繩梯之後大叫：「快上來，這是最後的機會了！」

村民還是意志堅定的說：「不，我相信上帝一定會來救我的，你先去救別人吧！」

最後洪水滾滾而來，村民只好在失望下淹死了。上了天堂後，他見到上帝便很生氣的問：「主啊，我一生虔誠，爲什麼你到最後都不肯救我！」

上帝無奈的說：「我怎麼不肯救你？我一共給了你三次機會，哪一次不是要救你，但是你一次都不願意接受啊。」

我常看到有一種人嘴巴很忙，一天到晚嚷嚷著想要交男女朋友、抱怨日子好無趣想要改變、抱怨工作不開心想換工作，抱怨結婚不幸福但又不敢離婚，就這樣一年兩年三年過去了，這些人還是在一樣的生活、一樣的工作裡，抱怨一樣的事情，對於上帝準備給他的機會毫無作爲，跟故事中的村民一樣，連主動上門的好運都謝謝不送再連絡。

過去，我們或許在婚姻中失去了平衡，但那都已經過去了，無論是重建生活圈或交友圈，都得先給自己和他人一個機會跨出第一步才行。

停止自怨自艾，試著對別人的邀約 Say Yes，短暫的讓自己成爲 Yes man，跨出自己的圍牆，你會發現說 Yes 將是一把全新的鑰匙，打開一扇通往新世界的門。讓你與本來八竿子打不著的人們相遇，與奇妙的機會碰面，和前所未有的經驗同行。

讓其他人能越過圍牆看見你，和你揮揮手打聲招呼，如此我們才有機會褪下過去的陰霾，更加怡然自得的笑看中年，成爲一個討喜，至少是能討自己喜歡的中年婦女。

身心平衡，是我追求的唯一目標

前陣子入秋，天氣涼爽了許多，入夜後在公園散步慢跑的人變多了，我也趁著夜晚涼風帶上我的愛犬恰恰加入路人的行列，一同散步去。

散步走路是一件很有趣的事情，可以藉機觀察路人的眾生相，把各種行徑盡收眼底，就算大家都戴著口罩，也可以從肢體動作看出一些端倪。

像是那個朝我迎面跑來的年輕人，從頭到腳一身齊全配備，一眼望去，跑鞋、跑褲少不了，運動手環、耳機還有手機臂套更是一定要，我猜想他應該是個深深明白「工欲善其事，必先利其器」道理的年輕人。而從我右手邊跑過的大叔，從背影望過去一件籃球背心，一條球褲，一雙跑鞋，所有配備只有這樣也是跑得氣喘吁吁不亦樂乎，邊跑還邊轉動手腕，舞動四肢，我忍不住愉快的猜想，他應該跟我一樣，越到中年越不拘泥外在形式，有時只要興致一來，突然想跑一段就跑上一段。

我很喜歡透過觀察路人的視線，重新再認識一次自己。

不拿自己與他人比較，可以活得自在；但使用觀察他人的眼光回顧自己，則可以讓我們更朝自我內在走去。

我們過去太習慣依循社會建構的規範生活，凡事迎合外界而忽略自己，甚至從未好好認識自己。

父母從小就教育我們要早中晚三餐準時吃飯，於是大人給什麼，廣告推什麼，我們就吃什麼，從來不會檢視這個食物是我想吃的嗎？或它真的是身體需要的嗎？每天我們在鏡子前穿好衣服，會不會審視鏡子裡的自己，詢問自己爲什麼會選這件衣服、戴這個耳環，配這條項鍊呢？是因爲可以襯托我的身材臉型，還是它們是我眞心喜歡的打扮，或只是盲目跟隨流行？

爲什麼向內觀照自己很重要？

因爲當你能分辨自己的慾望、需求與目標後，你會逐漸摸索出自己的輪廓，依循這個輪廓，建構出一套不迎合世界，只迎合自己的價值觀。你的行爲會依循這套人生觀前進運轉，建造出屬於你的世界。

從十六歲踏進演藝圈成爲一個明星之後，我曾經因爲五光十色的環境而忘記自己是誰。二十幾歲時過量的工作、日夜顚倒的行程、永無止盡的節食減肥、公眾人物一舉一動被無限放大的壓力，再再導致身心負荷太大，有段時間，我甚至每晚都要吃安眠藥才能入睡。

好幾年的不開心，加上我非常容易憂慮未來，所以三十歲開始學習瑜伽後，我才開始懂得身體與心靈是彼此牽連的，也更能思考身體跟心理的關係。很多人都只在乎生理上的身體健康，但眞正的身心健康其實是不壓抑情緒，發自內心的擁抱自己、喜愛自己，進而達到身心一起平衡的狀態。

所以現在的我，在經歷一切之後，即使身在演藝圈，名跟利對我來說也不再那麼重要。因爲目標清楚，往後生活的抉擇也都會以此爲重心。我現在做的每一件事情都是發自內心想要去嘗試，會讓自己身心愉快的。

因爲對自我認識清晰，人生觀才能夠清楚可見，我深知自己追求的目標，便能夠在面對動盪與抉擇時有了依循的準則。

過去讓我失衡的事物都已經放下遠離，身心喜樂讓我更加喜愛自己，相信自己，而這一切，都將成爲生活中美好又良善的循環，向我湧來。

一早起身，想要拉拉筋骨迎接早晨，可以怎麼做？——

PRACTICE EVERYDAY

瑜伽拜日式，是開啟一天活力的最佳選擇。建議每天起床後練習10~15 分鐘。

❶ 站在瑜伽墊前端，雙腿平行站穩，微微往中間靠攏，雙手合十，放於胸前。

❷ 吸氣，雙手往上，沿著脊椎中心，手臂自然上舉拉長延伸。

❸ 吐氣身體向前彎，膝蓋微彎放鬆，讓腹部跟大腿靠近。

❹ 吸氣右腳往後，吐氣左腳往後，到下犬式，身體呈三角形，手掌平貼地板，十根手指頭張開；臀部上提、脊背延伸。

❺ 吸氣肩膀移至手腕正上方，吐氣緩緩趴下。

❻ 吸氣手推地板，身體上半部撐起，胸椎往前，雙腿貼地，呈眼鏡蛇式。

❼ 再次吐氣，身體往後往上推到下犬式，臀部推向天空，停留五個深呼吸。

❽ 吸氣雙腳輪流往前走到雙手中間，吐氣膝蓋微彎，身體前彎。

❾ 吸氣雙手從兩側，往上延伸，身體微微後仰。

❿ 吐氣雙手合掌，回到胸前。整套動作可以練習數回合。

12

孩子與我，我們是彼此的良藥

孩子永遠都是父母心頭上的一塊肉，從我懷孕、她們出生到長大，我們幾乎每天都膩在一起。所以離婚後，當她們偶爾不在我身邊時，我當然會很想念她們，也會擔心爸爸有沒有好好照顧她們。

離異對於夫妻雙方或是孩子來說都相當不容易，每一個人都要在其中嘗試摸索。而身為父母的我們，除了要因應相處模式的轉變之外，也要幫助孩子能夠適應新的模式。所以我告訴自己，要慢慢學著適度的放心、放手，要信任爸爸，相信爸爸能把她們照顧得很好；也要信任孩子，讓我的信任成為她們成長路上最強韌的後盾。

教養上，我們依然是完整的家庭

我曾經和前夫分享過一段童年時的記憶。

在爸媽離婚後，有一天我的妹妹突然翹課逃家，任憑大家怎麼找都找不到人。我媽媽當時心急如焚，爲了尋找妹妹、擔心妹妹的安危，急得像熱鍋上的螞蟻，一時之間除了拼命找人也不知道還可以怎麼辦。每天爲了工作賺錢養家，已經很心力交瘁的她，走投無路之下，只好聯絡很久沒有聯繫的爸爸來幫忙。那一晚，在外奔波一天卻徒勞無功的媽媽，回到家後很生氣的跟我抱怨爸爸都沒有仔細尋找妹妹。深夜裡，媽媽站在門邊憤怒和無助的樣子，深深烙印在我心裡，從此成爲我心中一直忘不了的畫面。

因爲離異，父母雙方在教養上無法同步同調，不僅會讓主要照顧者單打獨鬥、過於疲倦，不斷埋怨缺席的另一方也會造成孩子的迷惘。

同樣身爲父母，我跟前夫也都會擔憂離婚對孩子，或是親子之間造成影響。所以，雖然離婚了，但在兩個孩子的教養照顧上，我們一直都有一個共識：我們不要因爲夫妻雙方分道揚鑣，而讓孩子的教養方式出現分歧。

所以在討論過後，我們共同向孩子提出了一個請求：當她們今天要在爸爸或媽媽其中一方家中過夜時，晚上睡覺前，她們就要和不在身邊的另一方視訊通話，說一聲「我愛你」。

雖然孩子年紀還小，不懂大人的世界，但我們會清楚的讓她們知道，爲什麼父母會有這樣的要求，以及爲什麼要這樣做。因爲父母關係的改變，我們雙方不能再每天同時陪伴她們，但這份情感的連結、語言的連結是很重要的，所以我們會明白表達出父母對她們的需要和想念。避免讓孩子因爲大人之間的離異，造成情緒或認知上的混亂。

很開心，當我們向女兒提出這個要求時，她們也能對爸媽的需求做出正向回應。

但好笑的是，我的女孩們實在太愛聊天了，她們很愛纏著我講話，跟我分享一天之中發生的大大小小所有事情，連芝麻綠豆的小事也不放過，每次只要一講電話就要講好久。所以現在反而是我有時工作到太晚，回家只想休息的時候，我就會偷偷跟前夫串通，請他跟孩子們說媽媽今天實在太累了，讓孩子們早點上床睡覺，好讓我躲過手機的熱線時間。

我跟前夫對於這個每天跟女兒通話的小約定，也有一個暫定的時間表，那就是等到女兒年紀大到有自己的手機之後，她們就可以自己作主，決定今天想不想跟另一方講電話或視訊。搞不好青春期的她們很叛逆，很不愛跟大人說話，那我也有這份彈性，能夠坦然接受！

前一陣子我去高雄工作，每天晚上都會和孩子通話視訊。一天晚上通話時，通過手機，我突然聽到她們姊妹倆在電話那一頭吵架，我立即撥打視訊給女兒要弄清楚狀況。當我一臉嚴肅的要和女兒溝通時，卻看到她忍不住偷瞄了一眼電話旁的爸爸，用眼神暗示爸爸出面緩頰，跟我求個情救救她。沒想到前夫只看了女兒一眼，說了一句：「媽媽講的是對的，好好聽媽媽講話。」就留下女兒和鏡頭前的我大眼瞪小眼。

所謂的合作父母，雙方對於孩子教養的一致性是非常重要的。

我和前夫之所以能保持這樣的關係，很大一部分原因是經過了努力拋掉舊恨，現在的我們有一樣的共識，希望給予孩子一致的教養方式，一致的價值觀。縱使爸爸媽媽分開了，但在孩子的教養照顧上，我們還是一個家。

有效對話，才能有效溝通

我和孩子的相處模式，滿多時候就像對待平輩一樣。

有事情必須跟伴侶或孩子溝通時，我也會盡量坦然地說出自己的需求，這是無論面對幾歲的人，都可以使用的一種溝通方式。

在適當的時機點，語氣溫和，簡單明確地說出你的感覺和需求，詢問對方是否同意，並且一起實踐。值得注意的是，提出需求時，我不會強求對方一定要接受；即使對方接受了，在這中間我也保有彈性調整的空間，他們有權利在某些時候拒絕我，我也一樣。

在孩子的行爲教養上，我也跟所有的爸媽一樣，常常會因爲她們調皮、不守規矩或是其他行爲被氣到翻白眼，積累了一肚子的氣想破口大罵。但責罵孩子，或是讓情緒主導溝通，對於親子間的相處好像沒有太大幫助，反而常常會有反效果。所以我會推薦各位爸爸媽媽可以嘗試使用心理學上一個很棒的溝通方式——「我訊息」。

「我訊息」的使用方式很簡單，就是將一個句子用有效的排列組合方式表達出來。這個句子的組成結構也很簡單，只要記得：**狀況＋感覺＋原因**，就可以了。

狀況，就是把你看到或聽到孩子的行爲，客觀的描述出來；感覺，就是當你看到孩子的這項行爲時，你的感受是什麼；原因，則是爲什麼你會有這些感受的原因。

也就是，我們可以把最常獅吼另一半和小孩使用的句子，像是：「你每次都看整個晚上的電視，眞的很煩欸，快點去寫作業，我數到三。」替換成：「我看到你一回來看電視看到現在還沒寫作業，我有點擔心，因爲我怕你等等才寫作業，會寫到太晚，影響到你的睡覺時間，讓你睡不飽。」

當我們使用第一個句子，以「你……」為開頭的時候，不管聽在誰的耳裡，都不免會有一種又要被碎唸、被指責的感覺。但如果換成「我看到……」、「我聽到……」從自己的角度出發，描述真正發生的事情，就可以先避免聆聽者在第一時間產生不必要的防衛心理。

第二個步驟則是說出你的「感受/感覺」。因為說出自己的感覺是一種比較感性（柔軟）的敘述方式，所以當對方聽到你描述自己的感覺時，不管是對你或對他來說，都是一個能夠拉近彼此距離的時刻，讓雙方可以聚焦在事件的本質上，而不是指責上。

最後，跟對方表達為何你會有這些感覺的「原因」。當孩子聽到前面你客觀描述的事實+感受時，他的注意力已經放在你的身上了，此時再讓他知道你的觀點和態度。這樣的方式不僅能夠減少對立，孩子也更容易接受，他也比較能理解到他的行為如何影響了你的情緒，這也是溝通中很重要的一環。

這個方式看起來雖然簡單，但畢竟不是我們多數人習慣的說話方式，所以平時可以有事沒事自己多練習，習慣之後，對於覺察情緒也很有幫助。

人與人的溝通會發生衝突，常常是因爲我們的解讀未必是對方想表達的意思。所以重複確認，核對事實，也能有效降低人際或對話中的不對頻。

儘管夫妻離異，但我深知，無論是我或前夫，我們愛孩子的那一顆心永遠都不會變。我們曾經也是孩子，知道父母濃厚的愛，孩子都能感受到。

而擁有這份愛的我們，就已經是足夠好的父母。

13／為了愛，我願意反擊這個世界

如果你跟我一樣，剛從一段關係中離開，那麼我希望你知道，分手或離婚就是人生中的一個事件，不該被任何人任意貼上你不喜歡的標籤。

不要被過去傳統的社會價值綁架，認爲離婚就等於失敗，所以對自己失婚的身分感到丟臉，甚至影響了日後的生活，綁手綁腳，畫地自限。

不管是從婚姻或是任何一段關係中離開，它就是生命中的某一段經歷，從來都不負面或可恥，更不需要躲躲藏藏或自卑自憐，對未來失去希望。一段關係的結束，不會只是單方面的問題。感情問題也不是考卷上的是非題，可以有一套標準答案明確地說出誰對誰錯。

離婚後的我，只想抱持一顆單純的心，好好的讓自己快樂起來，有更好的能力去愛自己，也能夠好好的愛人。

但世界上最難的，往往就是這一顆清澈的心。

當我們長出無所畏懼的勇氣

人生這一趟旅程，總是會發生許多意想不到的驚喜和驚嚇。站在還未走過的道路前，我們會因爲未知而恐懼，而徬徨不定。

如果時間退回到五年前，我根本不會想到自己的婚姻會這麼早畫上句點；回到兩年前，我甚至不敢相信自己能安然走過離婚一途，今天充滿感謝的重回單身日子。

這些曾經，如今都是我之所以成爲我的原因。

在我身體內的那一顆心，曾經在童年父母離異的時候破碎脆弱，卻也曾經在女兒出生時晶亮透明；曾經被身爲公眾人物龐大的壓力擊倒，卻也曾經在愛情的呵護下柔和輕盈。我經歷過的，或許有好有壞，但我從不想過否認它們的存在。它們與我融爲一體，成爲我的思想、我的話語，也成爲現在書寫這些文字與你分享的我自己。

有時候，人生中那些會讓你傷心流淚的事情，反而也會讓你更有意識的看待生命，以及在生命中的每一個片段和每一場交會。我們只需要在每一個當下接受來到眼前的，不執著於離開的，那麼，無所畏懼的勇氣就會油然而生。

許多夫妻在簽字離婚後，雙方彼此反而會因爲身分轉換而不再劍拔弩張，變得比過去在衝突中更加和緩。當夫妻的關係不再，也會爲彼此拉出一道界線，讓雙方變得更柔和有彈性。

那一天，當我看著自己在協議書上簽下名字時，眼前的景象好像又重新回到了過去，重新回到新婚時，肩並肩在結婚證書上簽下名字的我們。當兩個畫面重疊，隨之而來的是從結婚第一天起，往後飛奔的日子，這八年來的歡笑、默契、眼淚、生活……，當一切飛奔來到今天，我內心充滿的不是恨，而是鬆了一口氣的安穩。

人生在世，哪個人不曾受過一點傷，只是有的人會將傷痕看做身上美麗的印記，有的人則是將它看做醜陋的傷疤。

我很感謝在過去那一趟長長的旅程中，有人能夠陪著我看了一段美麗的風景，而如今，我們該在這一個車站停靠，下車，將那段美麗的風景收入行囊，各自開啓下一段新的旅程了。

我表態，故我存在

爲什麼我會想要出版這本書？

第一個原因，是因爲離婚後，有許多單親爸媽私訊我，請教我有關婚姻和兩性的問題。

另一個原因則是，在演藝圈工作其實就跟所有上班族一樣，表現被人喜歡肯定的時候，對我們來說是莫大的鼓勵。相反的，工作表現不佳而收到負面評論、批評時，也是我們必須承擔改進的地方。

但隨著年紀越大，歷練越多，身爲公眾人物的我們，其實慢慢都會有一種體悟，那就是不管工作做得再好，戲演得再好，歌唱得再好，節目效果再好，還是臉蛋身材再賞心悅目，永遠都不可能得到所有人的喜歡；當我們以善意面對世界時，永遠都會有人以惡意批評你。

長得帥的藝人，觀眾喜歡他是因爲帥，討厭他則是認爲太帥的人一定花心；搞笑的藝人，觀眾喜歡他是因爲好笑，討厭他的人則會說他的笑點太低俗……，人家說青菜蘿蔔各有所好，反應在藝人身上更明顯，所以經過了很長一段時間，我才學會觀看自己內在那一顆純淨的心，看見令自己喜歡的特質，快樂由自己掌握，價值由自己建立，不再輕易爲了那些不了解卻任意批評我的言論而傷神。

沒想到出道已經二十多年，我還會因爲離婚而再度「榮登」各大新聞的演藝頭條。

記得兩年前當我宣告離婚的時候，各家新聞下的聳動標題常讓我看得膽戰心驚，很多媒體都用「觸礁」來形容這一場結束的婚姻。那一陣子，也有很多網友在看了新聞後寫下各式各樣的留言評論，更有許多關心我、鼓勵我，甚至是批評我的私訊湧入。其中有一條留言讓我印象很深刻，他寫道：「無法理解把婚姻當作兒戲的人。」

這句話讓我思考很久。

在近三十年的演藝生涯中，我以爲自己早已練就一身百毒不侵，當各大節目或記者以婚姻爲題邀請我分享，或是經營自己的頻道時，我才發現我還是需要一點時間，來消化因爲婚姻結束而攻擊我的不當言語。

這世界很喜歡說忍耐是一種美德，合理的忍讓或許可以顧全大局，但在不合理忍耐下的一昧隱忍，不僅會縱容傷人者，自己也會因爲過度忍讓而更加受傷。這個世界不再適合委曲求全，讓自己在原則和彈性之間劃出一道界線並且勇於表達，才是眞正的堅強，才能夠保護因爲過度忍耐而嚴重內傷的自己。

我偶爾會在節目中開自己婚姻的玩笑，那是因爲我知道自嘲不但能夠療癒自己，也能搏君一笑，當你越能輕鬆地說出一件丟臉的事情時，代表這件事在你心中的傷害越小。但許多人沒辦法分辨人際之間該有的界線，將言論自由無限上綱，面對他人的惡意傷害，過度忍耐反而會成爲一股對自己的情緒暴力與勒索。「適度反擊」就是我正在學習的課題之一。

我表態，故我存在。我說這些話不僅是爲了自己，也是爲了我的孩子能生活在一個更開放、包容、健康的社會。

我知道當我抱持一顆純淨良善的心時，指引我的光和愛會帶來能量上的轉變。

願這份眞實誠摯的分享，能夠成爲你療癒路上的溫暖陪伴，陪你走過一段需要勇氣的旅途。

謝謝你們，
與我一起踏上這段療癒之路；

願每一個人，
都能在不完美的關係中，找到完整又真實的自己。

附錄

隨時檢測自己的心情狀態，可以這樣做——

根據心理學家研究發現，在人生的重大事件中，離婚造成人的心理壓力僅次於喪偶，排名第二。若您在生活中出現情緒方面的困擾，可以試試看用以下量表進行簡單的自我檢測。

簡式健康量表（Brief Symptom Rating Scale, BSRS-5），由臺大李明濱教授等人所發展，又名「心情溫度計」。主要是協助個人了解心理困擾程度的量表，不做爲診斷之用。

量表中共包含5個題目，分別測量「焦慮」、「憤怒」、「憂鬱」、「不如人」與「失眠」等個人主觀感覺之心理困擾的嚴重度。每個題目的評分，依程度從0分到4分，「0」表示：完全沒有、「1」表示：輕微、「2」表示：中等程度、「3」表示：厲害、「4」表示：非常厲害。

請您仔細回想「在最近一個星期（含今天）」，這些問題使您感到困擾或苦惱的程度，圈選一個最能代表的答案：

	完全沒有	輕微	中等程度	厲害	非常厲害
①睡眠困難，譬如難以入睡、易醒或早醒	0	1	2	3	4
②感覺緊張或不安	0	1	2	3	4
③覺得容易苦惱或動怒	0	1	2	3	4
④感覺憂鬱、心情低落	0	1	2	3	4
⑤覺得比不上別人	0	1	2	3	4
★有自殺的想法	0	1	2	3	4

前5題的總分：

0～5分：一般正常範圍。

6～9分：輕度情緒困擾，建議找親友談談，抒發情緒。

10～14分：中度情緒困擾，建議尋求心理衛生或精神醫療專業諮詢。

15分以上：重度情緒困擾，建議尋求精神醫療專業諮詢。

★有自殺想法評分爲2分以上（中等程度）時：建議尋求精神醫療專業諮詢。

・現在可免費下載「心情溫度計APP」，或掃描以下QRcode進行連結。歡迎民眾協助推廣。

（資料來源：台灣自殺防治協會）

AUTOMNE 01

不完美關係，與更好的我自己：

與傷道別，與真實相遇，再一次勇敢的療癒練習

作　　者：何好玫
責任編輯：陳品潔
行銷業務：平蘆
封面設計：謝捲子
版面構成：謝捲子
攝　　影：蔡傑曦 Jessy Tsai
藝人妝髮：巫依宸
飾品贊助：JUJURY　JUJURY

出　　版　禾禾文化工作室
社　　長　鄭美連
發　　行　禾禾文化工作室
地　　址　台北市北投區中央南路二段 28 號 5 樓之一
電　　話　(02)2883-6670
E m a i l　culturehoho@gmail.com
總 經 銷　大和書報圖書股份有限公司

印　　製　呈靖彩藝有限公司
一版一刷　2021 年 12 月
定　　價　380 元

國家圖書館出版品預行編目（CIP）資料

不完美關係,與更好的我自己/何妤玟著. -- 一版. -- 臺北市 : 禾禾文化工作室, 2021.12
面；　公分. -- (Automne ; 1)
ISBN　978-986-06593-2-0（平裝）
1.自我實現 2.生活指導 3.兩性關係
177.2　　110020270

遮瑕防曬
reDance
校色EE霜
Redance
EE
SPF50★★★
Cream
15-in-1 1oz
Skintone Corrector
遮瑕
防曬
保濕

桃花香水膏
催情白麝香
reDance
PROFESSIONAL SKINCARE
Gold Balsam of White Musk
Solid Perfume
net. wt 0.36oz
reDance
PROFESSIONAL SKINCARE
Gold Balsam of White Musk
Gold Balsam of White Musk
瑞丹絲